Theo Wendel

WIE EIN BRENNENDES FEUER

W0366466

Theo Wendel

Wie ein brennendes Feuer

60 Tage mit Jeremia

FRANCKE
Verlag der Francke-Buchhandlung GmbH

Bibliografische Information der Deutschen Bibliothek
Die Deutsche Bibliothek verzeichnet diese Publikation in der Deutschen Nationalbibliografie; detaillierte bibliografische Daten sind im Internet über http://dnb.ddb.de abrufbar.

ISBN 3-86122-640-5
Alle Rechte vorbehalten
© 2003 by Verlag der Francke-Buchhandlung GmbH
35037 Marburg an der Lahn
Umschlaggestaltung: Henri Oetjen, DesignStudio Lemgo
Satz: Verlag der Francke-Buchhandlung GmbH
Druck: Clausen & Bosse, Leck

Inhaltsverzeichnis

Ein Brief an Jeremia

Lieber Jeremia!

Seitdem ich Dich im Studium näher kennen gelernt habe, bin ich nicht mehr von Dir losgekommen. Was war das doch für eine politisch bewegte Zeit, in der Du lebtest. Damals zerbröckelte das Großassyrische Reich und die Babylonier errangen die Vorherrschaft im vorderen Orient. In dieser Zeit politischer Umbrüche redete Gott ganz persönlich zu Dir. Wenn Gott redet, so sagst Du, geschieht etwas, auch wenn wir es nicht direkt mit unseren Sinnen gleich wahrnehmen können (Jeremia1,4). Als Gott Dich in seinen Dienst rief, riskiertest Du den Widerspruch. Es war keine billige Entschuldigung, wenn Du einwandtest: „Ich bin zu jung!"; denn in Israel hatte nur das Wort der Alten Gewicht. Aber Gott ließ den Widerspruch nicht gelten und überwältigte Dich. Du hast kapituliert und Dich Gott ergeben. „Gott, du bist mir zu stark geworden." Das zieht sich durch Dein ganzes Leben. So verstehst Du Glauben: überwältigt werden von Gott.

Lieber Jeremia, ich bin Dir dankbar, dass Du so ehrlich von Deinen Anfechtungen sprichst (11,18 ff.; 15,10 ff.; 18,18 ff.; 20,7 ff.). Gott hat Dir wirklich viel Leiden und Kampf zugemutet. Die eigene Sippschaft wollte Dich umbringen. Der König, die Priester und das ganze Volk forderten nach der Tempelrede Deinen Tod. Zweimal setzte man Dich gefangen. Wie verständlich sind da Deine Klagen! Wie oft hast Du Dich heiser geschrien! Du sahst die Katastrophe kommen, aber die Menschen ließen sich nicht aus ihrer Blindheit herausholen. So kann die Anfechtung sich auch am Schwund von geistlicher Substanz entzünden.

Und dann standest Du in ständigen Auseinandersetzungen. Das macht mürbe und müde. Man spürt bei Dir etwas von der Deckungslosigkeit des Boten. Manchmal sind gewiss auch Deine Kraftreserven erschöpft gewesen. Du littest an der Verborgenheit Gottes und fragtest: Steht Gott noch zu seiner Verheißung (15,18)?

Aber Du klagtest ja nicht vor Menschen, sondern vor Gott. Ja, Du schlossest mir das neu auf: Ich darf vor Gott klagen, ich darf meine Not herausschreien, ich muss damit nicht hinter dem Berg halten. Du bist wirklich ein Mensch von Fleisch und Blut gewesen, alles andere als ein Held im menschlichen Sinne. Aber gerade in dieser Menschlichkeit kommst Du uns ganz nahe.

Die Bibel zeichnet keine Heldengestalten, sondern Menschen mit Fleisch und Blut, Menschen, die auch schwach geworden sind, und die nicht haushoch über den Problemen standen. Ja, selbst von Jesus lesen wir: „Er hat in den Tagen seines Fleisches Gebet und Flehen mit starkem Geschrei und Tränen geopfert, dem, der ihn konnte von dem Tode aushelfen.“ Eine Grundlinie in der Schrift vermittelst Du uns: Es geht nicht ohne Leiden und Kampf. Von Martin Luther stammt der Satz: „Anfechtungen machen einen guten Theologen.“ Dabei versteht Luther Anfechtung nicht als Prinzip oder als Methode, um einen guten Theologen darzustellen, also: „werde ein Angefochtener“, sondern Gott selber legt seine Hand auf seine Boten und ordnet Anfechtungen in ihr Leben hinein. Damit gibt Luther genau die Erfahrungen des Boten Gottes wieder, die uns auch bei Dir begegnen.

Manchmal sehe ich Deine Erfahrungen in meinem Leben bestätigt. In dieser Welt stellt man Forderungen an die Boten Gottes. Sie müssten mehr Überlegenheit an den Tag legen. „More Power“, mehr Kraftzeichen, mehr außergewöhnliche Zeichen, mehr unmittelbares Wirken des Geistes. Aber wie befreiend ist das, wenn Du von den schwachen Stunden in Deinem Leben sprichst. Christoph Blumhardt bestätigt mir diese Erkenntnis, wenn er unterstreicht: „Der Heiland braucht keine starken Leute, sondern die Zerschlagenen, die sich fürchten, dass sie seinem Befehl ungehorsam werden.“

Aber ich freue mich auch an Deinem Bekenntnis: „Dein Wort ist meines Herzens Freude und Trost.“ Mitten in der Anfechtung hast Du Dich an das schöpferische, energiegeladene Wort geklammert. Das will ich von Dir lernen. Unter dem Druck der gottlosen Welt hat Gott Dir einige treue Freunde geschenkt, eine kleine Gemeinde im neutestamentlichen Sinn Baruch (Kap.45), Ahikam (26,24) Ebed-

Melech (38,7; 39,15). Welche Bedeutung haben doch die Brüder und Schwestern in unserem Leben, die uns ein Wort der Ermutigung zurufen können, die mitbeten und mit durchtragen. Durch die Anfechtung ist Dir alle Sicherheit aus den Händen genommen. Aber die Verunsicherung muss ja weichen, wenn das Wort zum Lebenselement unseres Lebens wird. Da kann der Glaube in der Anfechtung Wurzeln schlagen.

Lass mich noch ein Wort zu Deiner Botschaft sagen. Sie war einmal vom schonungslosen Aufdecken der Wirklichkeit bestimmt. Du zerstörtest alle Illusionen von einem Gott, der überall ein Auge zudrückt. Du enthülltest die Urnot menschlichen Lebens. „Gott, die lebendige Quelle, verlassen sie" (2,13). Du verurteilst die Aufspaltung des Lebens in eine fromme Provinz und in eine private Provinz, in der ich die Gesetze des Handelns bestimme (7,1 ff.). Daher hast Du auch schonungslos das unaufhaltsame Gericht Gottes bezeugt (Jeremia 29,10 ff.). Da gibt es nur eine Chance des Lebens: Kapitulation vor Gott, das Gericht Gottes annehmen. Konkret hieß das für Dich: Sich Nebukadnezar ergeben. Den Gefangenen in Babylon schriebst Du: Richtet euch häuslich ein, betet für die heidnische Stadt. Ja, Du zerbrachst alle fromme Sicherheit, alles Pochen auf traditionelle Rechte vor Gott. Und die geschichtliche Entwicklung hat Dir und Deiner Botschaft Recht gegeben.

Aber in den Katastrophen, die über Dein Volk dahingingen, konnte man von Dir den ganzen Trost des Evangeliums hören. „Gott hat Gedanken des Friedens mit euch" (29,11). Und in die Zerstörung Jerusalems hinein leuchtet in Deiner Predigt ein Wort großer Hoffnung auf, das Wort vom **Neuen Bund und vom Gesetz,** das Gott den Menschen **ins Herz** schreiben will. Kann auch ein Mohr seine Haut wechseln (13,23)? Niemals. Wir fragen mit Dir: Kann man sein Leben noch einmal von vorne anfangen? Menschlich gesehen ist das unmöglich. Aber Gott kann aus dem Scherbenhaufen des Lebens Neues formen, er kann Leben neu gestalten. Als Jesus über diese Erde ging und der Geist Gottes an Pfingsten die Herzen der Jünger bewegte, da lernte man Dein Wort vom Neuen Bund richtig verstehen. Da begann ein neues Lebensprogramm.

Lieber Jeremia, wie **dankbar bin** ich, dass Dein Zeugnis uns überliefert ist.

Theo Wendel

Die Person des Propheten Jeremia

1. Tag

Die Berufung

Jeremia 1,1-2

Gott kann wirklich in das Leben eines Menschen eingreifen und seinem Leben eine neue Richtung geben. Die Verse Jeremia 1,1-2 geben davon Zeugnis, welch eine bewegte Geschichte in jener Zeit abläuft, als Gott sich Jeremia zuwendet.

„Dies sind die Worte Jeremias, des Sohnes Hilkias, aus dem Priestergeschlecht zu Anathoth im Lande Benjamin. Zu ihm geschah das Wort des Herrn zur Zeit Josias, des Sohnes Amons, des Königs von Juda, im dreizehnten Jahr seiner Herrschaft" (Jer. 1,1-2). In dieser Zeit handelt Gott und macht Geschichte auf seine Weise, unbemerkt von den Machthabern dieser Erde nach dem Motto: „Heiland, deine größten Dinge beginnst du stille und geringe."

Jeremia stammt aus einem Priestergeschlecht aus Anatoth, das nach 1. Samuel 22 bis auf das Priestergeschlecht Eli zurückgeht. Bei keinem anderen Propheten tritt das persönliche Leben so stark in den Vordergrund wie bei Jeremia. Prophet sein und Mensch sein hängt bei Jeremia ganz eng zusammen. Jeremia 1 schildert uns, wie die Geschichte Gottes in seinem Leben begann.

Wenn man die Berufung Jeremias mit anderen Berufungsgeschichten vergleicht, erkennt man, dass jede Berufung ihre eigene Note hat. Jona, Amos, Petrus, Paulus – sie alle werden von Gott zum Dienst berufen, jeder mit seiner eigenen Note. Es gibt keine Schablonen, aber alle Berufungen kreisen um das eine Geheimnis: Gott begegnet einem Menschen, er spricht ihn an und macht sich verständlich. Er zeigt ihm seine Sicht der Welt und nimmt ihn in den Dienst.

Zum Nachdenken: Warum erzählt Jeremia seine Berufungsgeschichte? Er muss sich in seinem Umfeld, vor allem vor Priestern und Propheten, legitimieren. Einer, der beansprucht, eine Botschaft Gottes weiterzugeben, muss sich ausweisen können. Welche Erfahrungen gibt Jeremia weiter? Welche Erfahrungen habe ich?

2. Tag

Gott redet

Jeremia 1,4

„Das Wort des Herrn geschah zu mir" (Jer. 1,4). Jeremia hat nicht nur eine Mitteilung erfahren, sondern das Wort Gottes ist wie ein Ereignis, es bringt Menschen in Bewegung, es verändert ein Menschenleben, das Wort geschieht. Das Wort Gottes ist immer aktuell, immer im Angriff und im Zugriff. Es ist ein Geheimnis um das Reden Gottes.

Das Alte Testament berichtet uns sehr oft von dem Reden Gottes, durch das ein Menschleben ganz neu ausgerichtet wird, wie bei Abraham, Mose oder Samuel. Man kann durchaus von einem Wunder sprechen, Gott ist nicht stumm geblieben: Er ist aus seiner Verborgenheit herausgetreten und hat sich zu erkennen gegeben. An keiner Stelle der Bibel wird uns beschrieben, wie sich denn das Reden Gottes vollzogen hat. Jeremia weiß jedoch gewiss: Hier hat der Herr geredet. Das ist im Grunde nicht hinterfragbar. Jeremia hatte keine Sicherheit. Seine Überzeugung wurde immer wieder angezweifelt.

„Ich aber sprach: Ach, Herr, ich tauge nicht zu predigen; denn ich bin zu jung" (Jer. 1,6). Am liebsten wäre Jeremia dem Wort Gottes ausgewichen, aber er konnte nicht, das Wort Gottes brannte wie Feuer in seinem Herzen. Gott hatte in sein Leben hineingeredet. Gott redet, und ein Mensch hört – so beginnt der Glaube. Der Glaube lebt von der Offenbarung Gottes. Die besondere Qualität des Wortes Gottes besteht darin, dass es eben nicht wie das Menschenwort verblasst, es ist vielmehr Anruf aus der ewigen

Welt Gottes. Darum kann dieses Wort nur die Basis meines Glaubens sein, nicht mein Gefühl, nicht meine Erfahrung. Das Wort atmet Ewigkeit, Gefühl und Erfahrung sind als Grundlage meines Glaubens nicht tragfähig.

Das Reden Gottes lässt uns Gott erkennen als personales Gegenüber. Es kann nicht so sein, wie es in einer modernen Vorstellung heißt: „Den einzigen Gott, den es gibt, finden Sie nur in sich selbst." Oder an anderer Stelle sagt mir jemand: „Ich möchte in mich hineinhorchen, da stoße ich auf den Grund meines Seins." Da wird Gott in menschliche Gedanken und Vorstellungen hinein aufgelöst. Das Wort Gottes ist schöpferisches, energiegeladenes Wort. Gott spricht und es geschieht (vgl. 1. Mose 1,3). Man braucht schon geöffnete Augen, um die Wirkkraft dieses Wortes zu vernehmen. Das Wort weckt Glauben, schafft Tröstung, Ermutigung und es entlarvt das Böse.

Zum Nachdenken: Das Wort ist wie eine Brücke, die Gott zu uns baut. Dieses Wort erschließt sich uns im Hören. Unser Glaube wächst und lebt aus dem Wort Gottes. Da gewinnt das Bekenntnis aus Jesaja 50,4 an Bedeutung: „Alle Morgen weckt er mir das Ohr, dass ich höre wie Jünger hören."

3. Tag

Erfahrung der Übermacht Gottes

Jeremia 1,5
„Ich kannte dich, ehe ich dich im Mutterleibe bereitete, und sonderte dich aus, ehe du von der Mutter geboren wurdest, und bestellte dich zum Propheten für die Völker."

Gott lässt seinen Plan mit Jeremia deutlich werden. Gott hat für das Leben des Jeremia schon eine Vorentscheidung getroffen, ob Jeremia das anerkennen will oder nicht. Gott hat ihn schon im Mutterleibe ausgesondert. Die Berufung Jeremias wurzelt also in der Ewigkeit. Seine Unerschrockenheit, sein klares Urteil, sein unbedingter Drang zur Wahrheit, so wie wir es aus seinem Reden und Wirken kennen, war letzten Endes nicht in seiner Persönlichkeit begründet, sondern in seiner ewigen Erwählung.

Wir staunen über diese Langzeitperspektive Gottes. Nach der Schrift beginnt Gottes Geschichte mit einem Menschen nicht erst im Moment der Bekehrung, sondern schon mit der Erwählung und Aussonderung. Der Plan Gottes mit einem Menschen reicht somit viel weiter zurück, als wir das verstehen und begreifen können. Vor diesem Handeln Gottes können wir nur anbetend stehen bleiben.

Jeremia widerspricht dem Plan Gottes, er bekennt seine Unfähigkeit und Unerfahrenheit. *„Ich aber sprach: Ach, Herr Herr, ich tauge nicht zu predigen; denn ich bin zu jung"* (Jer. 1,6). Das ist verständlich, denn in Israel gilt das Wort der Alten, das Wort des jungen Menschen hat kein Gewicht. Wie soll er denn bei Priestern und Propheten Gehör finden!? Der Widerspruch ist also nicht billige Entschuldigung oder Ausflucht. Vielleicht riskiert er den Widerspruch, weil ihn die Angst vor der Aufgabe, Prophet unter den Völkern zu sein, überfallen hat. Die Gründe sind menschlich ja so verständlich. Die biblischen Zeugen zeigen sich als Menschen mit Fleisch und Blut, sie funktionieren nicht einfach auf Gottes Anruf hin. Gott will keine Marionetten, sondern Menschen, die ihm mit ganzem Herzen dienen. Der Widerspruch wird zwar von Gott zur Kenntnis genommen, aber Gott lässt keine Widerrede gelten. Er weist die Einwände zurück und geht auf keine Diskussion ein.

„Sage nicht, ich bin zu jung, sondern du sollst gehen, wohin ich dich sende" (Jer. 1,7). Es gibt Situationen in der Geschichte Gottes mit Menschen, da ist nur Gehorsam gegenüber Gott gefragt. „Wenn Gott etwas befiehlt, muss man mit geschlossenen Augen sofort seinem Worte gehorchen." Gott fragt in erster Linie nicht nach unseren Fähigkeiten, nicht nach unserer Erfahrung und nicht nach unserer Kondition, sondern einzig und allein nach dem Gehorsam. Jeremia erfährt Gott als den übermächtigen Herrn. Er wurde von ihm regelrecht überwältigt (Jer. 20,7 ff.): *„Du bist mir zu*

stark geworden ... Du hast mich überredet und ich habe mich überreden lassen." Gott ist in diesem Ringen mit Jeremia der Gewinner geblieben. *„Ich habe gar nicht gewollt, aber Gott hat mich überwältigt.*" Darum kann er nicht anders, er muss predigen (ähnlich auch Paulus in 1. Kor. 9,16).

Zum Nachdenken: Wie oft kann man in der Lebensgeschichte der Boten Gottes die Erfahrung des Jeremia wiederfinden: Ich hatte meine eigenen Vorstellungen und Pläne, der göttliche Plan passte gar nicht in meine Vorstellungen hinein, aber Gott, er ließ nicht locker, und nun kann ich nicht mehr anders?

4. Tag

Aussendung und Ordination

Gott selbst übernimmt das ganze Risiko für die Zukunft von Jeremia. Er kennt unsere Angst und Verzagtheit. Da wirkt der Zuspruch „Fürchte dich nicht" wie Balsam. Die Angst war bei Jeremia durchaus begründet. Aus der Zeit König Manasses waren Verfolgungen der Gottesboten bekannt. Wie sehr kann Menschenfurcht im Dienst unser Leben bestimmen! Darum der Zuspruch Gottes. Seine Nähe und Gegenwart ist durch nichts zu überbieten (siehe auch 2. Tim. 4,10 ff.).

Gott weiß sehr wohl, was unser ängstliches Herz braucht (so auch Paulus, Apg. 18,9). Die Ordination besteht nun darin, dass Gott seine Worte in den Mund des Propheten legt. Gott berührt seinen Mund, dem Wort des Propheten wird Autorität verliehen. Er muss sagen können: „So spricht der Herr."

Diese Eingebung des Wortes geschieht nicht ein für alle Mal, sondern immer wieder ist Jeremia auf das Hören der Botschaft Gottes angewiesen. Des Öfteren lesen wir: „Da kam das Wort des Herrn zu ihm." Jeremia bleibt bei der Weitergabe des Wortes ganz Mensch mit seiner Sprache und seinem Denken, und dennoch ist er Sprachrohr Gottes, Werkzeug Gottes. Calvin: „Hier ist zu sehen, woran man einen Lehrer erkennen kann, er darf nichts Eigenes bringen, er muss sich mit dem Namen Gottes decken können." Boten Gottes sind Botschafter an Christi statt.

Zwei Befehle bestimmen den Auftrag, den Jeremia erhält: 1. Gehe zu allen, zu denen ich dich sende, also auch zu den Widerspenstigen und Kritikern. 2. Rede, was ich dir gebiete.

Der Herr allein ist der Auftraggeber, der Bote Gottes hat also nicht bedürfnisorientiert zu reden. Der Bote darf auch nicht vom Erfolg abhängig sein. Im Reich Gottes gilt die Spannung zwischen der Erfahrung des Misserfolgs und der Gewissheit des Sieges. Angesichts der schwindenden geistlichen Substanz in unsrem Lande ist unsere Auftragsgewissheit angefragt. Karl Barth formuliert: „Wir sollen von Gott reden – das ist unser Auftrag. Wir sind aber Menschen und können nicht von Gott reden – das ist unsere Bedrängnis." Der Bote verfügt niemals über die Antwort des Evangeliums. Er kann im Grunde nur seine Hilflosigkeit und Ohnmacht bekennen und sich dem Herrn anvertrauen. Von ihm allein kommt die Qualifikation und die Autorität zu predigen.

Zum Nachdenken: Hier wird dem Boten Gottes alle Sicherheit genommen. „Er hat keine Antwort auf Lager, er wird hineingerissen in die Heillosigkeit der Welt" (Kraus). Er sieht sich einem Gegner gegenüber, dem er nicht gewachsen ist. Aber gerade in der Schwachheit des eigenen Lebens und in dem Verzagen über dem Auftrag Gottes will der Herr seine lebendige Kraft erweisen.

5. Tag

Erste Visionen

Jeremia 1,11-14

Jeremia hat Heil und Gericht zu verkündigen, er soll niederreißen und aufbauen, ausreißen und pflanzen. Durch zwei Visionen unterstreicht Gott seinen Auftrag. Die Vision hat keine selbständige Bedeutung, sie steht ganz im Dienst der Botschaft. Das gehörte Wort, das die Visionen deutet, ist das Ziel der Vision.

1. Vision: ***Der erwachende Mandelzweig.*** *„Und es geschah des Herrn Wort zu mir: Jeremia, was siehst du? Ich sprach: Ich sehe einen erwachenden Zweig. Und der Herr sprach zu mir: Du hast recht gesehen; denn ich will wachen über meinem Wort, dass ich's tue"* (Jer. 1,11-12). Die Natur ist Anschauung für Gottes Wirken. Ein Mandelzweig erwacht. Wie der Frühligsbaum sich mit seinem Erwachen nicht verspätet, ebenso wird der Herr über seinen Worten wachen, dass sie geschehen. In der Geschichte kann man erfahren, dass sein Wort eintrifft. Gott handelt in der Geschichte, Gott wirkt durch sein Wort in die Geschichte hinein. Er ist ein lebendig wirkender Gott, er erfüllt alle seine Verheißungen.

2. Vision: ***Der überkochende Kessel.*** *„Und es geschah des Herrn Wort zum zweiten Mal zu mir: Was siehst du? Ich sprach: Ich sehe einen siedenden Kessel überkochen von Norden her. Und der Herr sprach zu mir: Von Norden her wird das Unheil losbrechen über alle, die im Lande wohnen"* (Jer. 1,13-14). Gemeint ist die politische Bedrohung aus dem Norden, wahrscheinlich durch die Babylonier. Gott lässt keinen Zweifel darüber, dass er die Völker des Nordens gegen sein eigenes Volk aufbieten will. Er ist der heilige Gott, der seinem Volk Israel nichts durchgehen lassen kann. Der Götzendienst ist für Gott nicht hinnehmbar. Das Gericht Gottes vollzieht sich nach Jeremia in der Geschichte. Gott ist zugleich auch der souveräne Gott, der andere Völker als Werkzeug des Gerichtes gegen sein eigenes Volk benutzen kann.

Wir stoßen in der Schrift auf unterschiedliche Aussagen zum Thema Vision. Einerseits weiß die Bibel von Traum und Vision als Mittel, deren Gott sich bedient, um sich Menschen verständlich zu machen und sie zu leiten. Andererseits ist die kritische Bewertung von Traum und Vision nicht zu übersehen. Gott schafft sich Wege, um beachtet zu werden. Aber gerade Jeremia nennt die Gefahren, die mit der Beachtung der Visionen unverkennbar sind (Jer. 23,16 ff.). Die falschen Propheten verkünden Wunschgesichte, Visionen, die aus dem eigenen Herzen stammen. In die Gedanken und Vorstellungen des eigenen Herzens mischt sich Menschlich-Seelisches und Göttlich-Geistliches.

Zum Nachdenken: Die Prüfung der Geister orientiert sich an der Schrift. Der Heilige Geist schaltet Verstand, Gefühl und Wollen nicht aus. Das bewusste Leben in der Gemeinde bewahrt vor einer unkritischen Überbewertung von Träumen und Visionen.

6. Tag

Ermutigung auf dem Wege

Jeremia 1,17-19
„So gürte nun deine Lenden und mache dich auf und predige ihnen alles, was ich dir gebiete. Erschrick nicht vor ihnen, auf dass ich dich nicht erschrecke vor ihnen! Denn ich will dich heute zur festen Stadt, zur eisernen Säule, zur ehernen Mauer machen im ganzen Lande wider die Könige Judas, wider seine Großen, wider seine Priester, wider das Volk des Landes, dass, wenn sie auch wider dich streiten, sie dir dennoch nichts anhaben können; denn ich bin bei dir, spricht der Herr, dass ich dich errette."

Gott lässt noch einmal die Schwere des Auftrags erkennen. „Sie werden wider dich streiten", das bedeutet Feindschaft und Widerstand, die Jeremia erfahren wird. Die Bibel verschweigt an keiner Stelle, dass die Ausrichtung der Botschaft Gottes mit dem Ernst des Kreuzes verbunden ist (vgl. Joh. 16,1ff.; Apg. 14,22; 1.Thess. 3,3).

In drei Bildern wird Jeremia allerdings eine mutmachende Verheißung zugesagt: Sein Leben wird von Gott zur **festen Stadt**, zur **eisernen Säule** und zur **ehernen Mauer** gemacht. Alle Bilder sagen Jeremia eine große Standhaftigkeit zu, die wir in seiner Geschichte kennen lernen werden.

„Ich bin bei dir." In diesem Zuspruch liegt der ganze Trost und die ganze Kraft für Jeremia. Die Bibel kennt kein menschliches Heldentum, aber die Kraft Gottes bewährt sich gerade in der Schwachheit, in der Erfahrung des Kreuzes. Der lebendige Gott kann in der Schwachheit seinen Boten durchbringen.

Zum Nachdenken: Wie oft spricht Gott uns in schweren Stunden an, gibt uns Hoffnung und neue Kraft. Wie gut, dass Gott mit seinen Leuten unterwegs ist. Diese Erfahrung kannte auch schon David, als er den 23. Psalm betete.

Die Gerichtsbotschaft des Propheten Jeremia

7. Tag

Umkehr zum Leben

Jeremia 2

Jeremia 2 ist ein klassisches Beispiel für die Gerichtspredigt Jeremias. Die prophetische Verkündigung erfolgt öffentlich. *„Geh hin und predige öffentlich der Stadt Jerusalem"* (Jer. 2,2), so fordert Gott Jeremia auf. Das ganze Volk, vor allem die geistlichen Führer des Volkes werden angeredet. Die Verkündigung des Wortes Gottes ist immer auch ein öffentliches Geschehen. Das Wort muss in die Welt, in die Gesellschaft hinein gesagt werden. Das gilt heute, das gilt auch uns.

Jeremia trägt dem Volk die Kritik Gottes vor. Die Kritik wäre sinnlos, wenn Gott sein Volk schon abgeschrieben hätte. Gott ringt vielmehr um sein Volk, er will nicht alles so lassen, wie es ist. Wo immer seine Gerichtsbotschaft ergeht, hat Gott unser Heil im Auge, er will zurückrufen und zurechtbringen. Es kommt darauf an, dass wir die Kritik Gottes nicht abschmettern und nicht stumpf werden gegenüber den kritischen Aussagen des Wortes Gottes. Und vergessen wir nicht: Gottes Kritik unterscheidet sich grundlegend von menschlicher Kritik. Sie zielt immer auf Änderung und Umkehr.

Am Anfang steht die Erinnerung an Gottes Liebe und Treue. Gott erinnert sein Volk an vergangene Erfahrungen, an das, was Gott in der Geschichte seines Volkes getan hat. Von Jahwe reden heißt daher immer, von der Geschichte reden. Der Glaube lebt ja von der Geschichte Gottes. Darum ist Erinnern für den Glauben ein ständig notwendiger Akt. Jeder Gottesdienst ist unter anderem auch Erinnerung an Gottes Tun, an Gottes Heilsgeschichte. Die Taten Gottes dürfen nicht in Vergessenheit geraten (5. Mose 4,23). Andernfalls verlieren wir die Wurzeln unseres Glaubens.

Zum Nachdenken: Gibt es noch eine Chance für die kaputte Gesellschaft unserer Zeit? Für die abgebrochenen Beziehungen, für eine Welt, in der wir so viel Explosion von Hass und Gewaltbereitschaft vorfinden? Der Bote Gottes gleicht einem Menschen, der uns zuruft: „Aus dem oberen Stockwerk eures Hauses schlagen Flammen, es brennt, lasst euch retten!" In den Ruf zur Umkehr gibt Gott unserem Leben eine erneute Chance. Hans Lilje: „Buße heißt: Ich darf um Jesu Willen einen neuen Anfang machen."

8. Tag

Brautzeit

Jeremia 2,2b-3
„Ich gedenke der Treue deiner Jugend und der Liebe deiner Brautzeit, wie du mir folgtest in der Wüste, im Lande, da man nicht sät. Da war Israel dem Herrn heilig, die Erstlingsfrucht seiner Ernte. Wer davon essen wollte, machte sich schuldig, und Unheil musste über ihn kommen, spricht der Herr."

Jeremia blendet in die Zeit zurück, wo Israel mit der Hingabe einer Braut den Bräutigam geliebt hat (siehe auch Hosea 2,16). Das Verhältnis Gottes zu seinem Volk Israel wird als inniges Gemeinschaftsverhältnis umschrieben, wie es in einer guten Ehe betrachtet werden kann. Jahwe hat Israel in der Herausführung aus Ägypten seine Liebe erklärt, er hat Israel erwählt. Unter Liebe versteht er die gnadenweise Erwählung, mit der er sich sein Volk zugeeignet hat.

Das Bild von Braut und Bräutigam wird auch im Neuen Testament aufgenommen (Matth. 25,1 ff.; Offb. 2,1 ff). Auch unser Glaube ist in der erwählenden Liebe Gottes begründet. Und diese Liebe trägt uns durch und ist absolut verlässlich. Gott weist darauf hin, dass sein Bund, obwohl die Menschen ihn treulos verletzt haben, dennoch fest und beständig ist. Gott will sein Volk nicht laufen lassen. Israels Geschichte ist vielmehr Beispiel für uns. Da lernen wir die Treue und Liebe Gottes kennen, aber auch die Untreue des Menschen. Wir Menschen verstricken uns immer wieder in Schuld, wir gehen immer wieder in die Irre, wir werden untreu.

Aber Gott hält seine Liebe zu uns durch. Ist die Geschichte Jesu nicht ein Zeichen für Gottes durchtragende Liebe, die bis zum Kreuzestod Jesu sichtbar bleibt!? Liebe besagt ja immer, dass mich jemand ernst nimmt. Gott nimmt uns ernst, wir sind ihm wertvoll. Mit der dreifachen Frage „Hast du mich lieb?" will Jesus bei Petrus die ungeklärte Vergangenheit in seinem Leben klären und die Liebesgemeinschaft wieder erneuern. Wie sehr kommt es darauf an, dass wir dem Herrn und seinem Wort oberste Priorität in unserem Leben einräumen!

Zum Nachdenken: Erkennen wir aus der Geschichte Gottes in unserem Leben seine unverdiente Treue und sein Ringen um die rechte Richtung unseres Lebens? Wo müssen wir aus Schuldverflechtungen heraus zu Gott hin aufbrechen?

9. Tag

Wüstenzeit

Jeremia 2,6

„Wo ist der Herr, der uns aus Ägyptenland führte und leitete uns in der Wüste, im wilden, ungebahnten Lande, im dürren und finstern Lande, im Lande, das niemand durchwandert und kein Mensch bewohnt?"

Die Wüste war für Israel der Ort, an dem das Volk ganz auf Jahwe geworfen worden ist, seine Existenz ist bedroht gewesen. Zusammen mit der Herausführung aus Ägypten bildet die Wüstenzeit eine Nullpunktsituation, in der das Volk ständig an seine Grenzen geführt wird. Wer kennt nicht solche Nullpunktsituationen aus seinem Leben, Stunden der menschlichen Ohnmacht, in denen man seine Bettlerarmut sieht?

Aber gerade in dieser Armut wird Gottes Heilandsmacht offenbar. Nullpunktsituationen sind darum auch immer wieder Segenszeiten in unserem Leben. Da erfährt man Gottes Wunder, die Größe und Herrlichkeit Gottes steht vor uns auf. Wüste ist die Zeit der Wunder Gottes in dem Lande der Bedrohungen. So wird Wüstenzeit in Israel später als Heilszeit verstanden (Hosea 2,16). Das Spätjudentum lebt in der Erwartung: Die Heilszeit beginnt in der Wüste, (Matth. 24,26, Apg. 21,38). Johannes der Täufer beginnt in der Wüste und Jesus selbst befindet sich eine Zeit lang in der Wüste, bevor seine Wirksamkeit beginnt (Mark. 1,3 ff. u.1,12+13).

Zum Nachdenken: Welche Wüstenzeiten meines Lebens sind mir in Erinnerung? Wüstenzeiten können zu einer lebendigen Gotteserfahrung werden.

10. Tag

Die Gabe des Landes

Jeremia 2,7
„Und ich brachte euch in ein fruchtbares Land, dass ihr äßet seine Früchte und Güter. Aber als ihr hineinkamt, machtet ihr mein Land unrein und mein Eigentum mir zum Greuel."

Dem Volk Israel wird ein Land voller Güter und Früchte anvertraut, Gottes Volk erhält Lebensfülle und Lebensqualität. Das Land ist Gabe Gottes, geliehenes Gut, das sie zur Ehre Gottes bebauen und bewahren sollen. Das Land ist auch Unterpfand der Güte Gottes in Israel. Wir denken dabei an alle geschöpflichen Gaben, die wir von Gott empfangen.

Martin Luther erinnert in der Erklärung zum 1. Glaubensartikel in einer sehr umfassenden Weise an Versorgung und Bewahrung, an Wohlstand und Lebensfülle. „Und das alles aus lauter väterlicher, göttlicher Güte und Barmherzigkeit ohn all mein Verdienst und Würdigkeit."

Die Bibel verteufelt die geschöpflichen Gaben wie Besitz, Urlaub, soziale Versorgung, medizinische und technische Möglichkeiten keineswegs. Aber sie fragt: Was hast du, das du nicht empfangen hast? Und was machen wir aus den empfangenen Gaben? Die Zeit im Kulturland wird Israel zum Fluch, weil die Gaben nicht mehr in die Beziehung zu Jahwe eingeordnet werden und sich dann leicht verselbständigen. Der Geber aller guten Gaben tritt dann immer mehr zurück und man betet das Geschöpfliche, das Schöpfungswerk an. Danken wir noch für die Gaben der Lebensfülle (Röm. 1,18 ff.)? Je mehr Wohltaten Gott auf uns häuft, desto weniger gibt es eine Entschuldigung für unsere Bosheit und Undankbarkeit.

Insgesamt halten wir fest: In den Heilstaten und Wohltaten Gottes kommt seine erbarmende Liebe, sein unbedingtes Ja zu uns Menschen zum Ausdruck. Paulus formuliert im Römerbrief: *Gott ist für uns!* Seine durchhaltende Liebe bewährt sich im Kreuz Jesu Christi.

Zum Nachdenken: Welche Gaben habe ich von Gott empfangen: Besitz, Beziehungen, Befähigungen? Wofür darf ich danken? Gottes Güte soll mich zur Umkehr leiten (Röm. 2,4).

11. Tag

Verlassen

Jeremia 2,13
„Denn mein Volk tut eine zwiefache Sünde: mich, die lebendige Quelle, verlassen sie und machen sich Zisternen, die doch rissig sind und kein Wasser geben.“

Mit diesem Wort wird die Ursünde Israels aufgezeigt. Dieser unglaubliche Vorgang wird in einem wunderbaren Bild verdeutlicht. Wasser bedeutet in Israel Leben. Nur wo frisches Quellwasser fließt, kann man existieren. Daneben kennt man Zisternen, das sind birnenförmig ausgehöhlte Felslöcher, in denen man die Wassermassen des Winterregens auffängt. Rissige Zisternen sind nutzlos. Gott nennt Jeremia die Quelle lebendigen Wassers, die Götzen aber vergleicht er mit ausgehauenen Zisternen, die löchrig sind und kein Wasser halten.

Gewiss hat Jesus dieses Wort vor Augen gehabt, wenn er in die Festmenge am Laubhüttenfest hineinruft: „Wen da dürstet, der komme zu mir und trinke." Er hat um den Durst nach wirklichem Leben gewusst und zugleich mit Schmerzen gesehen, wie die Menschen das Leben im Ersatz gesucht haben.

Israel tauscht fremde Götter gegen den lebendigen Gott ein, das tun nicht einmal Heiden, die Gott nicht kennen (Jer. 2,11). Israel aber öffnet sich kanaanäischen Gottheiten. Der Baalskult ist die große Versuchung für Israel. Mit Baal hat man den Gott bezeichnet, der in der Fruchtbarkeit der Erde und in der Zeugung von Menschen und Tieren seine Kraft erwiesen hat. Der Baalskult kann darüber hinaus auch die Form der kultischen Prostitution annehmen. Frauen haben sich im Tempelbezirk fremden Männern hingegeben und auf diese Weise der Gottheit ihre Jungfrauschaft geopfert.

Dabei kann man an den Einbruch eines kanaanäischen Sexualritus in Israel denken. Das Volk wendet sich von Gott ab und verfällt den fremdländischen Götzen. Wir erfahren hier etwas von der harten Auseinandersetzung zwischen dem Jahwe-Glauben und den religiösen Einflüssen aus dem Umfeld Israels. Die gleiche Auseinandersetzung beobachten wir in den Gemeinden des Neuen Testaments (Korintherbriefe; Offb. 2,14.20 ff.; Kol. 2,4 ff.). Auch die gegenwärtige Gemeinde Jesu muss den Kampf mit dem Zeitgeist führen, die Auseinandersetzung mit der vagabundierenden Religiosität (New Age, Einflüsse der asiatischen Religionen) und der verzerrten Sexualität.

Zum Nachdenken: Ist mein Glaube wie ein abgestandenes Wasser, oder erfährt mein Glaube in der Begegnung mit Jesus Christus und seinem Wort frische Zufuhr aus der Quelle?

12. Tag

Versklavung

Jeremia 2,14
„Ist denn Israel ein Sklave oder unfrei geboren, dass er jedermanns Raub sein darf?"

Israel hat sich aus der Abhängigkeit von Gott losgesagt, es hat ihn verlassen und gerät nun in die Abhängigkeit von anderen Mächten. Jahwe hat es aus der Sklaverei Ägyptens befreit, nun wird Israel wieder Sklave von fremden Mächten. Irgendwo ist der Mensch ganz offenbar immer angebunden. Wer Gott nicht will, hat Götter, denen er verfällt. „Die Geister, die ich rief, die werd ich nicht mehr los", heißt es in Goethes Faust. Jeremia 2,23-25 beschreibt uns diese unersättliche Lebensgier, diesen Rausch des Götzendienstes: Israel muss den Götzen nachlaufen. *„Sieh doch, wie du es treibst im Tal, und bedenke, was du getan hast"* (Jer. 2,23b)!

Paulus schreibt in Römer 1,18 ff.: *„Denn Gottes Zorn wird vom Himmel her offenbart über alles gottlose Wesen und alle Ungerechtigkeit der Menschen, die die Wahrheit durch Ungerechtigkeit niederhalten."* Der Rausch des Götzendienstes erweist sich auch als Zeichen des Gerichtes Gottes.

Im technischen Rausch unserer Tage meint der Mensch, es sei alles machbar geworden. Und die Möglichkeiten sind tatsächlich schwindelerregend. Die Gentechnik macht manches scheinbar möglich, negative Erbeigenschaften beim Menschen können scheinbar ausgeschaltet werden, schwere Krankheitserreger werden überwunden. Aber gerät der Mensch hier nicht in neue Abhängigkeiten?

Leben ohne Einschränkung ist im Grunde Illusion und schafft nur neue Belastungen. Wer eine zerbrochene Ehe in Kauf nimmt, um sich selbst zu verwirklichen, schafft nicht einen neuen Freiraum, sondern neue Probleme.

Zum Nachdenken: Welche Bindungen schränken meine Freiheit ein? Zur Freiheit gehört immer auch die Bindung an den lebendigen Gott und an sein Gebot. Freiheit und Liebe, Freiheit und Dienst sind nicht voneinander zu trennen.

13. Tag

Verwüstung

Jeremia 2,15
„Löwen brüllen über ihm, brüllen laut und verwüsten sein Land, und seine Städte werden verbrannt, so dass er jedermanns Raub sein darf."

Das drastische Bild von den brüllenden Löwen kennzeichnet das Gericht. Einige Ausleger sehen dahinter die Eroberung des Nordreichs, die 722 v. Chr. zum Ende des Reiches führte.

Andere beziehen das Bild von den brüllenden Löwen auf die Streifzüge der Assyrer durch das Südreich. Man kann die Verwüstung auch als Ankündigung kommender Gerichte verstehen. Im Geist sieht Jeremia schon das Gericht Gottes hereinbrechen.

Jeremia 2,21 bringt zum Ausdruck, wie sehr Gott um sein Volk leidet. *„Ich aber hatte dich gepflanzt als einen edlen Weinstock, ein ganz echtes Gewächs. Wie bist du mir denn geworden zu einem schlechten, wilden Weinstock?"* Als edlen Weinstock hat er sein Volk gepflanzt, in der Hoffnung, dass gute Früchte wachsen. Aber nun ist der Weinstock missraten. Was ist aus Gottes Pflanzung geworden!

Gott hat unser aller Leben groß angelegt, aber oft ist daraus nur ein entartetes, verkümmertes Gewächs geworden. Die Ankündigung des Gerichtes enthüllt uns nicht nur den heiligen Gott, der sich den Abbruch der Beziehungen nicht einfach bieten lassen kann, sondern auch den Gott, der um sein Volk Schmerzen leidet und nicht mit ansehen kann, wie sein Volk ins Verderben rennt.

Zum Nachdenken: Entspricht mein Leben noch der ursprünglichen Absicht Gottes? Was könnte aus dem Leben eines Menschen werden, wenn er den Plan Gottes erkennt und bedenkt!

Abgebrochene Beziehung

Immer wieder deckt Jeremia die schweren Schäden in der Beziehung des Volkes zu Gott auf. Dabei greift er Wurzeln der Bosheit auf.

14. Tag

Vergessen

Jeremia 2,17.19
„Das alles hast du dir doch selbst bereitet, weil du den Herrn, deinen Gott, verlässt, sooft er dich den rechten Weg leiten will. […] Deine Bosheit ist schuld, dass du so gestraft wirst. Und du musst innewerden und erfahren, was es für Jammer und Herzeleid bringt, den Herrn, deinen Gott, zu verlassen und ihn nicht zu fürchten, spricht Gott, der Herr Zebaoth."

Was muss Israel alles erdulden und erfahren, weil es sich von Gott abwendet, weil es ihn vergessen hat?!

Vergessen ist hier nicht als Alterserscheinung verstanden, daher das Bild der Jungfrauen und Braut. Vergessen in einer Liebesbeziehung kann deutlich machen, wie wenig Wert ich einer Sache beimesse oder wie wenig ich einen Menschen achte. Während das Volk seinen rechtmäßigen Ehemann *vergessen* hat, *sucht* es ‚andere Liebhaber'. Immer wieder durchzieht dieses Vergessen die Geschichte Gottes mit seinem Volk. Kaum hat das Volk seinen Marsch aus der Sklaverei in Ägypten angetreten, schon hat es das Eingreifen Gottes vergessen. Immer wieder führen Probleme dazu, Gott zu vergessen. Später sind es eher Versuchungen, die jenes Vergessen herbeiführen.

Israel verlässt Gott, wie wenn eine Frau ihren Mann mit den Kindern sitzen lässt. Im Neuen Testament verlässt der verlorene Sohn sein Vaterhaus, er schüttelt die Beziehung zum Vater ab, um frei zu sein (Luk. 15).

Die Emanzipation von Gott wird als die Ursünde des Menschen verstanden. „Ich will mein Recht." „Ich will mich selbst verwirklichen." Die Beziehung zu Gott hindert angeblich die Selbstentfaltung. Die Grundsünde besteht nicht in einzelnen Fehlleistungen oder im Fehlverhalten, sondern der Mensch kündigt seine Beziehung zu Gott auf, um sein Leben selber gestalten zu können.

Vergessen in der Beziehung zu Gott geschieht darum, weil mich so viel anderes fasziniert und in Beschlag nimmt (Luk. 12,15-21). Jesus erzählt die Geschichte von jenem reichen Kornbauern, dessen Ernte besonders gut ausgefallen ist. Er beschließt, größere Scheunen zu bauen und sich über den Vorrat für viele Jahre zu freuen. Aber – „niemand lebt davon, dass er viele Güter hat" (Luk. 12,15). Der reiche Kornbauer hat vergessen, wem er all seinen Überfluss zu verdanken hat. Man kann so in Arbeit eingespannt sein, dass darüber die Ewigkeit ganz zurücktritt.

Zum Nachdenken: Über allen Gottesdiensten und Festlichkeiten in Israel steht der Satz: Vergiss nicht den Bund, den Gott mit dir geschlossen hat. Weil wir so vergessliche Leute sind, wird uns zugerufen: Vergiss nicht, was Gott an dir getan hat.

15. Tag

Verunsicherung

Jeremia 2,18
„Was hilft's dir, dass du nach Ägypten ziehst und willst vom Nil trinken? Und was hilft's dir, dass du nach Assyrien ziehst und willst vom Euphrat trinken?"

Die verantwortlichen Führer in Israel, also Priester, Propheten, Hirten, Hüter des Gesetzes, fragen nicht nach dem Willen Gottes, wörtlich heißt es: *„Sie wollen mich nicht mehr kennen"* (Jer. 2,8).

Dies schließt die Missachtung der göttlichen Normen mit ein. Gerade die Verantwortungsträger trifft schwere Schuld. Sie sind von Gott eingesetzt und beauftragt. Aber nun gehen sie ihren eigenen Vorstellungen nach und versagen als führende Wegweiser des Volkes. Im Grunde sind sie völlig verunsichert.

Die politische Führung in Israel taktiert deshalb hin und her. Mal tendiert man nach Ägypten, mal nach Assyrien (Jer. 2,18). Die Führung ist ohne Konzept, man handelt ziellos und planlos und fragt nicht nach dem Willen des Herrn. Man versucht mit menschlichen Machtpositionen die Zukunft des Volkes zu sichern und hängt sich dabei an falsche Stützen. Bereits bei Jesaja werden die falschen Stützen und die brüchigen Sicherungen angeprangert (Jes. 31,1 ff.). *„Ägypten ist Mensch und nicht Gott.“* Die schwankende Führung ist bereits Zeichen des Gerichtes Gottes. Die falschen Stützen werden brechen. Einmal suchen sie Hilfe in Ägypten, ein anderes Mal suchen sie Anschluss in Assyrien. Jesus macht deutlich, dass man nicht zwei Herren dienen kann.

Zum Nachdenken: Welche falschen Stützen erkenne ich in meinem Glauben? Was löst Verunsicherung in meinem Leben aus?

16. Tag

Verhärtung

Jeremia 2,23+35
„Wie wagst du denn zu sagen: Ich bin nicht unrein, ich habe mich nicht an die Baale gehängt? Sieh doch, wie du es treibst im Tal, und bedenke, was du getan hast!“

Jeremia vermisst die Einsicht im Volk Gottes. Man lehnt jede Verantwortung ab und verharrt in der Unschuld. Man geht der Wahrheit aus dem Weg und bleibt in der Illusion, unsere Situation kann nicht so verwerflich sein. Was muss geschehen, dass dieser Sicherheitswahn durchbrochen wird und Menschen der Wahrheit standhalten!?

Das Neue Testament zeigt uns, dass erst der Heilige Geist unser

Leben aufdeckt und uns zu kritischer Selbstreflektion befähigt. Der Heilige Geist nimmt uns die Blindheit und weckt die Bereitschaft, dem Urteilsspruch Gottes Recht zu geben. So kann Paulus in Römer 7,24 zu der tiefen Erkenntnis kommen: *„Ich elender Mensch, wer wird mich erlösen"* oder auch in 1. Timotheus 1,12 ff. *„Ich bin der vornehmste Sünder."*

Zum Nachdenken: Wo zeigt uns die Schrift noch andere Beispiele der Verhärtung und Verblendung? (Siehe Joh. 8,43; Joh. 9,40 ff.; Apg. 13,45 und Apg. 17,1-10). „Unser Wissen und Verstand ist mit Finsternis umhüllet, wo nicht deines Geistes Hand uns mit hellem Licht erfüllet ..." (Tobias Clausnitzer)

Die Tempelrede

17. Tag

Kult oder Hingabe

Jeremia 7
Sowohl in Jeremia 7 als auch in Jeremia 26 wird uns die Tempelrede nahe gebracht. Kapitel 7 gibt die Tempelrede in ausführlicher Form wieder, Kapitel 26 bringt nur eine Kurzform, erzählt aber die näheren Umstände, die sich bei der Tempelrede zugetragen haben, berichtet also über Reaktion und Folgen der Tempelrede. In Kapitel 26,1 erfahren wir auch den Zeitpunkt der Tempelrede: Kurz nach dem Regierungsantritt des Königs Jojakim (608/607) hält Jeremia diese Ansprache. Wo befindet sich Jeremia? Zwischen dem äußeren und inneren Vorhof des Tempels. Jeremia wendet sich also wohl an alle, die zum Gottesdienst kommen. Vermutlich hat Jeremia die Josianische Reform miterlebt, die um 621 vor Christus durchgeführt worden ist. Bei Bauarbeiten im Tempel hat man ein Gesetzbuch entdeckt. Der König Josia ist erschrocken, weil ihm an diesem Gesetzbuch deutlich wird, wie wenig das religiöse Leben Israels dem Willen Gottes entspricht. Deshalb wird Josia in zweierlei Weise aktiv: 1. Er lässt den Götzenkult radikal abbauen (2. Kön. 22). 2. Er lässt die Altäre Jahwes wieder aufbauen. Die Höhenheiligtümer werden abgeschafft. Das gesamte kultische und gottesdienstliche Leben wird auf Jerusalem beschränkt.

So kann man das kultische Leben besser überblicken. Josia hofft durch die Kulterneuerung und durch die Neuorganisation des gesamten religiösen Lebens eine geistliche Reformation in Israel auslösen zu können. Das alles ist sehr erfreulich. Zu 2. Könige 22 hat Hans Dannenbaum folgende Gliederung gebraucht: Ein Mann wird von Gott erweckt, Gottes Wort wird neu entdeckt; Die Götzen werden hingestreckt.

Die Theologen nehmen an, dass Jeremia zunächst die Reformbewegung unterstützt hat. Wir hören jedenfalls kein Wort der Kritik an Josia und seinen Plänen. Erst als Jeremia die Hohlheit der Reform durchschaut, beginnt seine Kritik. Die Reform des Josia bleibt an der Oberfläche hängen. Josia lebt in dem Glauben: Das Heil kommt aus der Kulterneuerung und der Reinigung des Tempels. Jeremia bezeugt nun aber dagegen: Das Heil kommt allein durch die Umkehr zu Jahwe. Jedenfalls ist es in Israel während der Zeit des Josia und auch nicht danach zu einer geistlichen Erneuerung gekommen. So ruft Jeremia in Kapitel 4,4: *„Beschneidet euch für den Herrn und tut weg die Vorhaut eures Herzens.“* Hier klingt deutlich an, dass Umkehr etwas anderes ist: *Buße im biblischen Sinn ist nicht Reparatur eines Schadens, sondern Neuanfang von Grund auf.*

Von Luther stammt das Wort: *Ecclesia semper reformanda*, das bedeutet: Die Kirche braucht immer wieder Reformation, geistliche Erneuerung. Wir leben in einer Zeit, die Veränderung liebt, Veränderung der Strukturen, Veränderung des gottesdienstlichen Lebens und vieles andere mehr. Wir sollten uns immer wieder ins Bewusstsein rufen: Das Heil kommt durch die Umkehr zu Gott und die Hinwendung zu seinem Wort. So beginnt jedenfalls die Reformation Luthers. Die Reformen sind gewiss von Zeit zu Zeit notwendig, aber geistliche Bewegung ist mehr. Die Tempelrede in Jeremia 7 ist der schärfste Angriff des Propheten auf das kultische Leben und den Gottesdienst.

Zum Nachdenken: Die Erneuerung der Gemeinde ist ein immer wiederkehrender Prozess, sonst verfällt die Gemeinde der Verkrustung. Woher kommen die motivierenden Kräfte zu einer grundlegenden Erneuerung?

18. Tag

Kritik an der Heilssicherheit des Volkes

Jeremia 7,3-4
„So spricht der Herr Zebaoth, der Gott Israels: Bessert euer Leben und euer Tun, so will ich bei euch wohnen an diesem Ort. Verlasst euch nicht auf Lügenworte, wenn sie sagen: Hier ist des Herrn Tempel, hier ist des Herrn Tempel, hier ist des Herrn Tempel."

So beruft man sich auf einen fanatischen Erwählungsglauben. Der Tempel garantiert angeblich eine immerwährende Sicherheit. Gott hat seinem Volk nach dem Aufbau des Tempels zugesagt: „*Da will ich bei euch wohnen.*" Gott hat sich gewiss an den Tempel gebunden, der Tempel ist für Israel das Unterpfand der Gegenwart Gottes. Noch kann der Prophet Jesaja seinem Volk zusagen: Die Stadt Jerusalem mit ihrem Tempel ist unantastbar für den Ansturm der Feinde, die Stadt wird nicht untergehen. Nun, 100 Jahre später, gebrauchen die Israeliten diese Zusage wie einen Talisman, wie ein Schutzschild, hinter dem sie sich verstecken können. „Wir haben ja den Tempel, uns kann doch nichts passieren."

So soll ihnen der Tempel das Lebensglück garantieren. Jeremia entlarvt diese Vorstellung als Lüge und Betrug, er entlarvt die Illusionen um den heiligen Gott. Wir können uns vor Gott nicht verstecken, er durchschaut uns. Gott lässt sich nicht auf unsere Vorstellungen festlegen. Man hat aus dem Tempel einen Götzen gemacht, über den man allezeit verfügen kann. Die Kultuspflege ist Ersatz für die Glaubensgemeinschaft geworden. Jeremia ist kein Feind der Tradition, er ist ganz in die Geschichte Israels eingebunden. Aber es gibt für ihn keinen ererbten Glauben, der Glaube lässt sich nicht konservieren. Das Erbe der Väter muss vielmehr immer wieder neu in eine Reformation, in eine geistliche Erneuerung hineinführen.

Die Schrift zeigt uns immer wieder die gleiche Problematik auf. Johannes der Täufer predigt gegen den fanatischen Erwählungsglauben: „*Wir haben ja Abraham zum Vater*" (Matth. 3,1 ff.). Jesus führt später einen erbitterten Kampf gegen die statische Einengung der biblischen Gotteserkenntnis. Das wird etwa an den Reden Jesu im Johannesevangelium, aber auch Matthäus 5,20 ff. deutlich, wo er Altes Testament und Neues Testament gegenüberstellt mit dem Ausspruch *„Ich aber sage euch"*. In Markus 7 greift Jesus die Frömmigkeit der Pharisäer und Schriftgelehrten an, die sich hinter der Tradition vor dem Anspruch Gottes verstecken. Ja, sogar das Gebot Gottes muss herhalten, um die Richtigkeit ihrer eigenen Vorstellungen unter Beweis zu stellen (Markus 7,7-13).

Auch in den ersten Gemeinden erkennen wir bereits die Gefahr der Erstarrung. Die biblische Erkenntnis ist noch vorhanden, aber die lebendige Gemeinschaft mit dem auferstandenen Herrn tritt zurück. Das Zeugnis von Jesus ist in eine christliche Weltanschauung, in eine Ideologie umgewandelt worden!

Man sucht eine gewisse Sicherheit im kultischen Bereich und im Sakrament. Das Abendmahl versteht man nicht mehr so sehr als Tischgemeinschaft mit Jesus, sondern der Blick ruht jetzt auf den Abendmahlselementen und nicht mehr auf Jesus allein. So kann denn der Bischof Ignatius das Abendmahl als Mittel zur Unsterblichkeit kennzeichnen. Die Akzentverschiebung ist offensichtlich. Das Ringen um die rechte Zuordnung von Tradition und Reformation zieht sich durch die ganze Kirchengeschichte. Heute zeigt sich diese Sicherheit in folgenden Äußerungen: „Ich bin ja doch getauft". „Ich bin doch Mitglied einer Gemeinde". „Ich bin doch nach vorne gegangen, um meine Entscheidung für Christus zu dokumentieren." „Ich erfülle doch den Katalog geistlicher Übungen." „Ich nehme doch am gottesdienstlichen Leben teil."

Alle diese Äußerungen geben richtige Erkenntnisse wieder, die keineswegs als unwesentlich herausgestellt werden sollen, aber alles das bleibt eine armselige Sache, wenn Gott nicht mehr durch den Heiligen Geist erleuchtete Augen des Herzens schenkt und es nicht mehr zur Umkehr aus den festgefahrenen Gleisen kommt. „Herr, wir warten auf dich und auf das Wirken deines Geistes."

Zum Nachdenken: „Heiliger Geist, komm doch in Gnaden wieder zu deiner wartenden Schar. Heile der Christenheit tödlichen Schaden, mach die Verheißung von neuem wahr."

19. Tag

Kritik an der Spaltung von Glauben und Leben

Jeremia 7,9
Jeremia deckt die Doppelgleisigkeit im Leben der Israeliten auf. Einerseits kommen sie in den Tempel und nehmen am kultischen Leben teil. Auf der anderen Seite leben sie so, als ob es Gott nicht gäbe.

„Ihr seid Diebe, Mörder, Ehebrecher und Meineidige und opfert dem Baal und lauft fremden Göttern nach, die ihr nicht kennt." So wird der Tempel zu einem Schlupfwinkel, der alle Schandtaten zudecken soll. Man sündigt weiter drauf los. Sie kommen zwar in den Tempel, und sie kommen doch nicht ans Licht, sie bleiben im Zwielicht. Im Grunde ist das eine Verhöhnung der Gnade. Die Gnade wird zur Schleuderware. Nach Israel ist der Baalskult eingedrungen, man feiert die Göttin der Fruchtbarkeit. Die kultische Prostitution und der Sinnenrausch haben sich mit dem Baalskult eingeschlichen.

Dazu glaubt man an die Macht der Gestirne. Jeremia 7,17 ff. weist uns auf die Verehrung der Himmelskönigin, der assyrischen Göttin Ischtar hin, sie ist die Göttin der Fruchtbarkeit und des Venussternes. Es wird zu ihren Ehren Kuchen gebacken, wahrscheinlich ist das Gebäck als Opfergabe verwendet und dann verzehrt worden. Sex und Okkultismus nehmen damals in Israel einen wichtigen Platz ein. So ist die Spaltung zwischen Gottesdienst und Alltag perfekt.

Jeremia deckt diesen Riss auf und möchte die Spaltung bewusst machen. *„Siehe, ich sehe es wohl."* Damit stellt Jeremia das Volk unter Gottes Auge. *„Herr, du erforschst und kennst mich"* (Ps.139). Ein katholischer Journalist hat vor Jahren die geistliche Lage der Christen so beschrieben: „Ideologisch sind wir Christen, praktisch schwanken wir zwischen einem handfesten Atheismus und dem Glauben an einen lebendigen Gott." Der theoretische Atheismus hat die Gemeinde Jesu nicht auslöschen können, viel notvoller erweist sich das schleichende Gift des praktischen Atheismus. Da teilt man das Leben in zwei Provinzen ein, die nebeneinander stehen, eine fromme Provinz und eine private Provinz, in der ich die Gesetze des Handelns bestimme. Die Doppelgleisigkeit ist in der Schrift eine Gefahr, die immer wieder auftaucht (Mark. 7,6 ff.; Joh. 8,43 ff.). In Römer 2,17 ff. beleuchtet Paulus die Situation der Gesetzestreuen und die Gefahr einer kompletten Heuchelei. Ja, Paulus selbst sieht die Lage des Boten Gottes sehr nüchtern, wenn er für sich selbst Sorge trägt, „nicht anderen zu predigen und selber verwerflich zu werden" (1. Kor. 9,27). Wir verstehen den Ausspruch der Dichterin Annette Droste Hülshoff, den sie wie einen Schrei ausstößt „Oh, einmal sein statt scheinen."

Zum Nachdenken: Alles kommt darauf an, dass wir unser Leben ohne Illusionen sehen und sensibel werden für die Gefahr der Doppelgleisigkeit. Unser Glaube soll wie ein gedeckter Scheck sein.

20. Tag

Wegweisung zur Überwindung der Spaltung

Jeremia 7,3
Jeremia ruft das Volk zur Umkehr: *„Bessert euer Leben und euer Tun, so will ich bei euch wohnen an diesem Ort."*

Er hofft noch auf Umkehr, auch wenn das Gericht immer wieder angedroht wird (so auch 26,3). Gott ist nicht unabänderlich in seinem Tun, er lässt sich gereuen, wie uns auch Jona 3 und 4 eindringlich erzählen. Er ringt um die Rückkehr des Volkes. Andererseits lässt Jeremia immer wieder durchblicken, dass das Gericht vor der Tür steht, das Volk zeigt sich Gottes Anruf gegenüber taub und blind. Können sie überhaupt umkehren? Diese Frage hat Jeremia bewegt (Jer. 13,23). Wir werden diese Frage nur vom Neuen Testament her beantworten können. Durch Jesus kann die Spaltung zwischen Glauben und Leben überwunden werden.

„Meine Speise ist die, dass ich den Willen meines Vaters tue" (Joh. 4,34). Jesus bringt wieder zusammen, was durch den Sündenfall in dieser Welt immer wieder auseinanderdividiert wird. Er zeugt nicht nur von Liebe, sondern er hält Liebe durch bis zum Tode am Kreuz. So kann Jesus allein uns wieder zur Ganzheit im Glauben verhelfen. Die Buße im Neuen Testament setzt mit Jesus ein neues Vorzeichen. Die Herrschaft Gottes ist mit Jesus gekommen. Gott kommt und setzt sich durch, Satan, Bosheit und Tod sollen nicht mehr das letzte Sagen in dieser Welt haben. Vielmehr steht die Tür zum Vaterhaus Gottes offen. So kann man von der Freude der Buße sprechen.

Konkret werden von Jeremia kleine Schritte der Umkehr gezeigt: *„Sondern bessert euer Leben und euer Tun, dass ihr recht handelt einer gegen den andern und keine Gewalt übt gegen Fremdlinge, Waisen und Witwen und nicht unschuldiges Blut vergießt an diesem Ort und nicht andern Göttern nachlauft zu eurem eigenen Schaden"* (Jer. 7,5+6). Wir sehen: Glaube an Gott und Verantwortung für den Nächsten gehören unbedingt zusammen. Der erste kleine Schritt ist das Verhalten untereinander. Wenn sich hier eine Besserung zeigt, sollen zweitens Schwache geschützt werden (Ausländer, Waisen, Witwen). Schließlich soll drittens kein Unschuldiger getötet werden. Schließlich soll das Volk sich nicht an fremden Göttern orientieren. Wir sehen: Die Umkehr muss das Miteinander im gesellschaftlichen Leben befruchten und auch den Rechtsbruch ablegen (vgl. 5,1.26-28). Die Umkehr muss bis in die zwischenmenschlichen Beziehungen hineinreichen.

Zum Nachdenken: Wie sieht mein Einsatz für die zwischenmenschlichen Beziehungen in der Gesellschaft aus? Umkehr zielt immer auf sehr konkrete Schritte hin. Umkehr zu Gott ist immer auch Umkehr zum Nächsten.

21. Tag

Das drohende Gericht

Jeremia 7,16
„Du sollst für dies Volk nicht bitten und sollst für sie weder Klage noch Gebet vorbringen, sie auch nicht vertreten vor mir; denn ich will dich nicht hören.“

Der Abschnitt bringt das Verbot der Fürbitte für das Volk. Jeremia muss dies als Zeichen werten: Das Gericht ist unabwendbar, denn das Volk will nicht hören und sperrt sich gegen Gottes Anruf. Das Verbot der Fürbitte ist sonst im AT nicht bekannt und ist nur bei Jeremia bezeugt. Gottes Zorn ist entbrannt, selbst die Fürbitte eines Jeremia ist aussichtslos: *„Ich will dich nicht hören.“* Gott enthüllt Jeremia seinen Zorn über das ganze Land, ja über die ganze Schöpfung. Die gesamte Kreatur leidet mit unter der sündigen, rebellierenden Menschheit.

Die Fürbitte gehört ja eigentlich zum Botenamt. Das Alte Testament bezeugt an mehreren Stellen die Bedeutung der Fürbitte. Abraham bittet für Sodom (1. Mose 18), Mose bittet für sein Volk (2. Mose 32,11 ff.), Josua bittet nach der Niederlage des israelitischen Heeres (Jos. 7,7ff.). Und Gott lässt sich durch das Gebet seiner Boten bewegen, aber kein Bote verfügt über Gottes Handeln. Immer steht es im freien Ermessen Gottes, wann und wo er die Fürbitte gebietet und Fürbitte verbietet.

Das Verbot der Fürbitte ist gewiss ein Grenzfall. Vom Neuen Testament her ist Fürbitte geradezu geboten (1.Tim. 2,1 ff.), es sei denn, Gott würde dem Boten die Ermächtigung zur Fürbitte ausdrücklich entziehen.

Gott hat sein Volk nicht aufgegeben. Er erneuert seine Zusage (7,7), aber er kann nicht schweigen, wenn der Ruf zur Umkehr ins Leere verhallt. Gott muss seine Liebe ernst nehmen. Jeremia muss immer mehr erkennen, dass die Menschen selbst zum Gehorsam unfähig sind (Jer. 35,13-15; 8,4-6; 13,23). Die Verblendung ist so tief, dass der Wille zur Umkehr nicht mehr aufzufinden ist.

Die Abkehr wird zur Abstumpfung, die Sünde wird zur festen Gewohnheit. Paulus bezeichnet im Römerbrief das Dahingegebensein des Menschen an Mächte und Begierden als Gericht Gottes. Erst wenn Menschen durch den Heiligen Geist ins Licht gestellt werden, weicht die Verblendung und der Weg zur Umkehr ist frei (Apg. 2,36; Eph. 2,1 ff.).

Zum Nachdenken: Im Neuen Testament ist die Fürbitte für das Volk und für die Regierenden ein wichtiges Gebot. In der Fürbitte erweist sich unsere Mitverantwortung für das Volk und Regierung (1. Tim. 2,1ff.).

Botschaften an die Führer

22. Tag

Botschaft an die Könige

Jeremia 22,2-3
„Höre des Herrn Wort, du König von Juda, der du auf dem Thron Davids sitzest, du und seine Großen und dein Volk, die durch diese Tore hineingehen. So spricht der Herr: Schaffet Recht und Gerechtigkeit und errettet den Bedrückten von des Frevlers Hand und bedränget nicht die Fremdlinge, Waisen und Witwen und tut niemand Gewalt an und vergießt nicht unschuldiges Blut an dieser Stätte."

Der König ist in Israel von Gott zur Herrschaft beauftragt. Er hat für das Wohl seines Volkes zu sorgen, er soll sich für Recht und Gerechtigkeit im Lande einsetzen. Wer aber Recht und Gerechtigkeit unterdrückt, den Elenden und Armen nicht beachtet, der verfällt dem Gericht Gottes. Recht und Gerechtigkeit sind also der Maßstab, an dem der König gemessen wird.

So ergeht das Gericht über König Joahas, der nur drei Monate als König regiert. Jeremia kündigt seinen Tod in ägyptischer Gefangenschaft an (22,10-12).

König Jojakim wendet sich sogar ganz bewusst gegen die Botschaft des Propheten Jeremia (36,1 ff.). Er missbraucht seine Macht und beutet Untergebene aus (22,13-17). Jeremia ruft daher das Gericht Gottes über ihm aus. Er wird eines gewaltsamen Todes sterben und sein Leichnam wird geschändet (22,18-19). Auch Jojachin, der Sohn Jojakims, muss das Gericht Gottes am eigenen Leibe erfahren (22,20-30). Er wird 597 mit der ganzen Oberschicht von König Nebukadnezar nach Babylon in die Gefangenschaft abgeführt.

Die Könige haben versagt. Jeremia stellt schließlich einen König in Aussicht, der mit Recht und Gerechtigkeit im Lande regieren wird, ein König aus dem Stamm Davids, mit dem Friede und Sicherheit einkehrt. Erst im Kommen Jesu erfüllen sich die Prädikate, die hier genannt werden.

Zum Nachdenken: Ein Verantwortungsträger verwirkt sein Amt, wenn er das Amt nicht mehr in der Abhängigkeit von Gott sieht und seine Macht nicht mehr als eine von Gott gegebene und geliehene Macht versteht.

23. Tag

Botschaft an die Priester

Jeremia 20,1-2
Priester und Heilspropheten werden oft zusammen genannt (2,8; 6,13-14; 26,7+11). Die Priester haben die Aufgabe, die Opfer darzubringen. Sie lehren darüber hinaus die Thora, sie gelten als Verwalter der Stiftshütte und des Tempels, sie sind für den gesamten Kultus verantwortlich. Ihre fanatische Überzeugung lautet: „Wir haben den Tempel, und der ist die Garantie Gottes für das Volk." Dies führt in die Situation, die uns in der Tempelrede (7,1 ff.) beschrieben wird.

„Als aber Paschur, ein Sohn Immers, der Priester, der zum Vorsteher im Hause des Herrn bestellt war, hörte, wie Jeremia solche Worte weissagte, schlug er den Propheten Jeremia und schloss ihn in den Block am oberen Benjamintor, das am Hause des Herrn ist" (Jer. 20,1-2).

Jeremia bezeugt die Gegnerschaft des Priesters Paschur (Jer. 20,1). Als er Jeremias Predigt über das Ende des Tempels hört, lässt er ihn auspeitschen und in den Block einschließen (Jer. 20,2). Am nächsten Tag erst wird der Prophet freigelassen. Eine Ungeheuerlichkeit: Der wohl als Oberaufseher im Tempel tätige Priester bestraft den Propheten dafür, dass er Gottes Wort verkündet. Jeremia ruft das Gericht über ihm aus (20,3 ff.). Gott schreckt mit seiner Gerichtsdrohung auch vor den Amts- und Würdenträgern der Gemeinde nicht zurück.

Zum Nachdenken: „Hilf, dass ich rede stets, womit ich kann bestehen. Lass kein unnützlich Wort aus meinem Munde gehen. Und wenn in meinem Amt ich reden soll und muss, so gib den Worten Kraft und Nachdruck ohn Verdruss“ (Johann Heermann).

24. Tag

Botschaft an die falschen Propheten

Jeremia 23
Auffällig ist im Jeremiabuch die scharfe Auseinandersetzung mit den falschen Heilspropheten. Konzentriert begegnet sie uns hier in 23,9-40, dann aber auch in 28,1 ff. und in 29,8 ff. Bei den nationalen Heilspropheten handelt es sich um Propheten, die zu Funktionsträgern des israelitischen Nationalismus, eines fanatischen Erwählungsglaubens geworden sind. Ihr Credo lautet: „Gott kann doch seine Heilszusagen, die er seinem erwählten Volk gemacht hat, nicht zurückziehen. Der Tempel ist doch Garant für die Erwählung.“ Sie reden dem Volk nach dem Mund und verkünden ihm nur Heil. Das Volk hört sie nur zu gerne, weil diese Verkündigung das Volk in seinem Nationalstolz als auserwähltes Volk unterstützt. Dieses Volk glaubt sich in Sicherheit. Darum kann nicht Jahwe aus ihren Worten reden, sie rufen das Volk nicht aus der Selbstsicherheit in die Buße. Sie verfügen über Gott, der Glück und Wohlstand des Landes garantieren muss. So entlarvt sie Jeremia als Lügenpropheten, sie reden nicht im Namen Jahwes. Sie berufen sich auf Träume und Gesichte (23,25 ff.), weil sie glauben, dass Jahwe sich in ihnen offenbart. Jeremia stellt fest: *„Denn Propheten wie Priester sind ruchlos; auch in meinem Hause finde ich ihre Bosheit, spricht der Herr“* (Jer. 23,11). Die falschen Propheten stärken das Volk in seiner Bosheit (Jer. 23,14), so dass niemand umkehrt.

Diese Heilspropheten haben ihren Ursprung wohl in den Prophetengruppen, die in 1. Samuel 10,5 genannt werden. Man darf annehmen, dass ihnen im Heiligen Krieg eine wichtige Aufgabe zugekommen ist, nämlich den Sieg Jahwes über alle Feinde zu bezeugen, das Volk zum Glauben an den Sieg Jahwes zu motivieren. Desgleichen bezeugen sie die Herrschaft Jahwes, gerade auch in einer Zeit, in der Götzenkult in Israel sich einnistet. Die Gültigkeit der Ordnungen Jahwes wird neu festgeschrieben. Sie führen den Glauben der Israeliten an seine Wurzeln zurück (Elia, Elisa, Nathan, Gad und andere).

Die Könige befragen sie nach dem Willen Jahwes. In späterer Zeit gelangen die Propheten wohl immer mehr in die Abhängigkeit vom Königshof, so werden sie sozusagen beamtete Propheten, die den Wünschen der führenden Israeliten entsprechen. Es fehlt ihnen der Mut, das unbußfertige Volk ins Licht der Wahrheit zu stellen und sie zur Umkehr zu rufen. In dieser Lage stößt Jeremia mit ihnen zusammen. Gottes Botschaft durch Jeremia ist eindeutig: *„So spricht der Herr Zebaoth: Hört nicht auf die Worte der Propheten, die euch weissagen! Sie betrügen euch; denn sie verkünden euch Gesichte aus ihrem Herzen und nicht aus dem Mund des Herrn"* (Jer. 23,16). Auch heute gibt es viele, die alles schönreden und die Botschaft von der Umkehr lächerlich machen, Religion ist von gestern, Glaube ist out.

Zum Nachdenken: Jesus hat seinen Jüngern den Geist verheißen, der in alle Wahrheit hineinleitet. Unter der Wegführung des Geistes erkenne ich die Verführung, ich lerne unterscheiden zwischen echt und unecht, zwischen Lüge und Wahrheit.

25. Tag

Auseinandersetzung mit falschen Propheten

Jeremia 28,1-2.11-15
In Kapitel 28 wird uns die leidenschaftliche Auseinandersetzung zwischen Jeremia und dem nationalen Heilspropheten Hananja berichtet. Der babylonische Herrscher Nebukadnezar hat im Jahre 597 die gesamte Oberschicht mit dem König Jojachin in die Gefangenschaft abgeführt. Nun behauptet Hananja: Jahwe wird innerhalb von zwei Jahren das Joch des babylonischen Königs zerbrechen und die Gefangenen werden zurückkehren.

„In demselben Jahr, im Anfang der Herrschaft Zedekias, des Königs von Juda, im fünften Monat des vierten Jahrs, sprach Hananja, der Sohn Asurs, ein Prophet von Gibeon, zu mir im Hause des Herrn in Gegenwart der Priester und des ganzen Volks: So spricht der Herr Zebaoth, der Gott Israels: ich habe das Joch des Königs von Babel zerbrochen …" (Jer. 28,1-2).

Jeremia entlarvt ihn als Verführer und Lügner, Hananja hat nicht im Auftrag Jahwes gesprochen, denn Jahwe hat beschlossen, sowohl Israel als auch die umliegenden Völker der Macht Nebukadnezars zu übergeben. Jeremia und Hananja berufen sich auf eine Offenbarung des Herrn. So steht hier Prophet gegen Prophet, Wort Gottes gegen Wort Gottes. Wo ist nun die Wahrheit, wer bringt das gültige Wort Gottes? Jeremia verfügt nicht über das Wort Jahwes. Er muss warten, bis Jahwe ihm wieder seine Weisung mitteilt. *„Und Hananja sprach in Gegenwart des ganzen Volkes: So spricht der Herr: Ebenso will ich zerbrechen das Joch Nebukadnezars, des Königs von Babel, ehe zwei Jahre um sind, und es vom Nacken aller Völker nehmen. Und der Prophet Jeremia ging seines Weges." „Geh hin und sage Hananja: So spricht der Herr: Du hast das hölzerne Joch zerbrochen, aber du hast nun ein eisernes Joch an seine Stelle gesetzt"* (Jer. 28,11+13).

Jeremia wiederholt das Gerichtswort Jahwes über Juda und kündigt dem Hananja das Ende seines Lebens an. *„Und der Prophet Jeremia sprach zum Propheten Hananja: Höre doch, Hananja! Der Herr* *hat dich nicht gesandt; aber du machst, dass dies Volk sich auf Lügen verlässt. Darum spricht der Herr: Siehe, ich will dich vom Erdboden nehmen; dies Jahr sollst du sterben, denn du hast sie mit deiner Rede vom Herrn abgewendet. Und der Prophet Hananja starb im selben Jahr im siebenten Monat*" (Jer. 28,15 ff.).

Diese Auseinandersetzung zwischen wahrer und falscher Prophetie, zwischen dem wahren Wort Gottes und dem irreführenden Wort kennen wir auch aus anderen Abschnitten der Bibel: So warnt Jesus vor den falschen Propheten (Matth. 7,15 ff.; 24,11). Paulus kennzeichnet einige seiner Widersacher in Korinth als falsche Apostel, Johannes ermahnt die Gemeinden, doch die Geister zu prüfen. Offenbarung 2,20 setzt sich mit einer Prophetin auseinander, die durch ihre Lehre verführt (ähnlich auch 2. Petr. 2,1 ff.).

Die Unterscheidung zwischen rechter und falscher Lehre, der Kampf um die Wahrheit des Gotteswortes durchzieht auch manche Zeitabschnitte der Kirchengeschichte. Das Wort Gottes ist immer auch umkämpftes Wort Gottes gewesen. Immer wieder erfährt die Gemeinde Verunsicherung durch falsche Propheten und Ideologien.

Zum Nachdenken: Wie kommen wir zur rechten Erkenntnis des wahren Gotteswortes? Welche Kriterien werden uns bei Jeremia und in den anderen Schriftaussagen gegeben? Die Prüfung der Geister kann niemals aus einer vermeintlichen Sicherheit erfolgen. Wir sind nicht im sicheren Besitz der Wahrheit. Die Prüfung der Geister muss aus dem Ringen um die Wahrheit verstanden werden und kann nur aus einer inneren Betroffenheit geschehen.

26. Tag

Erfolg ist kein Kriterium

Jeremia 26,8-9

Jeremia hat nur einige Freunde, die auf seiner Seite stehen. Er findet weder in der eigenen Familie (11,21) noch unter Priestern und Propheten (Jer. 26) Zustimmung. Nachdem er das Wort Gottes im Tempel ausgerichtet hat (Jer. 26, 1-7), *„ergriffen ihn die Priester, Propheten und das ganze Volk und sprachen: Du musst sterben! Warum weissagst du im Namen des Herrn: ‚Es wird diesem Hause gehen wie Silo, und diese Stadt soll so wüst werden, dass niemand mehr darin wohnt'? Und das ganze Volk sammelte sich im Hause des Herrn wider Jeremia"* (Jer. 26,8-9).

Auch der König Jojakim lehnt seine Botschaft ab (Jer. 36). Auf den ersten Blick ein trostloses Bild: Keiner nimmt Jeremia die Botschaft ab. Keiner hört auf ihn. Es ist unfassbar. Wirklich? Wir wissen: Zahlen von Anhängern sind niemals Erweis für die echte Prophetie. Auch Jesus hat nicht auf große Zahlen verweisen können, als sein Auftrag auf dieser Erde beendet worden ist, wie auch Wunder nicht immer Zeichen des göttlichen Geistes sein müssen (Matth. 7,22; 2. Thess. 2,9). Jünger Jesu sollten sich daher nicht am Erfolg im Reich Gottes orientieren („Brechend volle Kirchen", „gelockerte Atmosphäre" „prächtige Menschen").

Zum Nachdenken: Für den Nachfolger Jesu heißt dies: Wundere Dich nicht, wenn Du manchmal ganz allein stehst. So ist das eben in dieser Welt.

27. Tag

Träume und Visionen sind nicht dem Wort Gottes gleichzusetzen

Jeremia 23,16.28
Träume und visionäre Erfahrungen üben eine besondere Faszination aus, weil sie den Nimbus der besonderen Gottesnähe verbreiten. Die falschen Propheten berufen sich auf Gesichte und Träume. Jeremia teilt dem Volk mit: *„Hört nicht auf die Worte der Propheten, die euch weissagen! Sie betrügen euch; denn sie verkünden euch Gesichte aus ihrem Herzen und nicht aus dem Mund des Herrn“* (Jer. 23,16). Sie wollen die Richtigkeit ihrer Botschaften damit unterstreichen, so treten sie mit einem Absolutheitsanspruch ohnegleichen auf. Jeremia stellt demgegenüber das Wort Gottes: *„Ein Prophet, der Träume hat, der erzähle Träume; wer aber mein Wort hat, der predige mein Wort recht. Wie reimen sich Stroh und Weizen zusammen? spricht der Herr“* (Jer. 23,28).

Gewiss weiß das Alte Testament auch davon, dass Gott Visionen und Träume benutzen kann, um sich in Erinnerung zu bringen (Jakob, Josef), bei Jeremia begegnet uns aber ein kritisches Element im Blick auf Träume und Visionen, die auch nur Regungen des menschlichen Herzens und der menschlicher Phantasie darstellen können. Traum und Vision sind nicht immer eindeutig, sie bedürfen daher der Deutung. Sie sind nie von vornherein Beweis für das Wirken Gottes. Die Möglichkeit einer Täuschung kann also nie ausgeschlossen werden. So kommt bei Paulus der Gabe der Geisterunterscheidung große Bedeutung zu.

Visionen und Träume der Apostelgeschichte sind unter dem Stichwort „Führung der Boten Gottes“ zu sehen, und das in einer Zeit, in der sich die junge Gemeinde in noch unbekanntes heidnisches Terrain vortasten muss. Je mehr die Glaubenden später in der Gemeinschaft mit Gott leben, umso mehr tritt der Traum als Begegnung mit Gott bei ihnen zurück zugunsten des Hörens auf das geschriebene und verkündigte Wort Gottes. Träume und Visionen haben im Neuen Testament keine zentrale Bedeutung mehr. Das Wort Gottes ist wie ein Brief aus der Welt Gottes, es ist ein fremdes Wort, das nicht unsere Gedanken und Wünsche bestätigt.

So jedenfalls hat es Jeremia erfahren. Es kann wie Feuer sein, das alles Eigene verbrennt, und wie ein Hammer, der unsere Sicherheit zerschlägt. Das Wort ist der Einbruch des Ewigen in das Vergängliche. Die Gottesbegegnungen in der Schrift sind wortorientiert und wortgebunden. Nicht durch Träume und Visionen wird der Glaube geboren und erhalten, sondern durch das Wort unseres Gottes (1. Petr. 1,23) und durch den Geist (Joh. 3,1 ff.). Auch vom Neuen Testament können wir festhalten: Gott ist souverän und in der Wahl seiner Mittel frei, aber Träume und Visionen können die Heilsoffenbarung in seinem Wort weder ergänzen noch erhöhen.

Das Wort Gottes führt in eine Stunde der Wahrheit, da werden Illusionen zerrissen, die Situation wird erhellt. Der Traum bringt ans Licht, was in unserer Seele schlummert, aber der Traum bringt noch nicht die Offenbarung, selbst auch dann, wenn Gott sich hier und da des Traumes bedient, um einen Menschen anzusprechen. Träume und Visionen verführen aber andererseits dazu, das eigene Herz mit seinen Gedanken und Wünschen wichtiger zu nehmen als das Wort des lebendigen Gottes. Gerade in der Andersartigkeit und Fremdheit des Wortes kann die wahre und echte Botschaft erkannt werden.

Zum Nachdenken: „O komm, du Geist der Wahrheit, und kehre bei uns ein, verbreite Licht und Klarheit, verbanne Trug und Schein“ (Philipp Spitta).

28. Tag

Nur Liebe geboten?

Jeremia 28,12ff.
Jeremia verschweigt in seinen Predigten nicht das Gericht Gottes. Die falschen Propheten passen sich dem Zeitgeist an und fragen in erster Linie nach den Bedürfnissen der Menschen. Sie beruhigen das unbußfertige Volk mit einer Botschaft, die Frieden und Heil bestätigt. Jeremia geht es aber um das ganze Wort Gottes. Der wahre Gott geht nicht im menschlichen Denken auf, er kann unsere Vorstellungen und Gedanken durchkreuzen. Eine Botschaft, die nur die Popularität begehrt und damit den Menschen in seinem Tun rechtfertigt, kommt nicht aus der Wahrheit.

Zum ganzen Wort Gottes gehören nicht nur die Heilstaten Gottes, seine abgrundtiefe Liebe und seine Treue gegenüber seinen Zusagen, sondern auch der Ruf zur Umkehr von den falschen Wegen. Es wäre fatal, wollte man die Rede vom Zorn Gottes als alttestamentliche Besonderheit abtun.

Jesus selbst hat zur Buße gerufen. Im Römerbrief streicht Paulus die Predigt vom Gericht Gottes nicht. Ja, die Heilsbotschaft leuchtet erst da auf, wo Menschen ihre Verlorenheit erkannt haben und das Herrenrecht Gottes anerkennen. Gott wahrt seine Heiligkeit und wacht über seinem Herrenrecht. Evangelium heißt nicht einfach: Das Gericht fällt aus. Gott sagt nein zu unserer sündigen Verfallenheit, in Jesus Christus ist uns der Heiland gegeben, der für uns im Gericht eintritt. Luther empfiehlt dem Kurfürsten von Sachsen im Blick auf die Schwärmer folgendes Kriterium: „Du sollst prüfen, ob sie das Kreuz predigen ... Frag, ob sie Anfechtungen, Tod, Höllen durchgemacht haben. Wenn du lauter reizende, ruhige, ergebene und heilige Dinge hörst, dann traue ihnen nicht, auch wenn sie in den 3. Himmel entrückt waren.“ Gottes Liebe macht ihn nicht zu einem nachgiebigen und bemitleidenswerten Alten, wie er in Wolfgang Borcherts Drama „Draußen vor der Tür“ gesehen ist. Gottes Liebe zielt darauf, dass seine Kinder auf dem richtigen Weg laufen und das wahre Ziel ansteuern. Er greift auch strafend und korrigierend ein, wenn es sein muss.

Zum Nachdenken: Wo haben wir Gottes Gericht in unserer Welt beobachtet? Wo habe ich es selbst erlebt? Wir wollen uns hüten, nur bedürfnisorientiert zu denken und zu reden. Die Heiligkeit Gottes gebietet uns, das ganze Wort Gottes auszurichten.

29. Tag

Der wahre Prophet verfügt nicht über die Wahrheit des Wortes

Jeremia 28,11
„Und Hananja sprach in Gegenwart des ganzen Volks: So spricht der Herr: Ebenso will ich zerbrechen das Joch Nebukadnezars, des Königs von Babel, ehe zwei Jahre um sind, und es vom Nacken aller Völker nehmen. Und der Prophet Jeremia ging seines Weges."

In Jeremia 28,11 erleben wir einen Propheten, der auf die absolute Sicherheit, mit der Hananja seine Botschaft vorträgt, nichts erwidert. *„Er ging seines Weges"*, d. h. er hatte zu dieser Stunde kein Wort Gottes zur Verfügung. Er musste warten, bis Gott ihm wieder die Botschaft ins Herz gibt. Der wahre Prophet hat die Antworten für die Menschen nicht einfach in der Tasche. Keiner verfügt über das Wort, das von Gott kommt. Die wahre Prophetie kann immer wieder nur erwartet und erbeten werden. Die Vollmacht, das Wort Gottes in die Situation hineinzusagen, ist nicht etwas Selbstverständliches, über das der Bote ständig verfügt. Wie oft muss er erfahren, dass er kein Wort „auf Lager" hat. Der wahre Bote Gottes tritt nicht in Selbstsicherheit auf, sondern seine Gewissheit kommt aus der überwundenen Anfechtung. Die Anfechtung lehrt, auf das Wort Gottes zu merken. Das wortlose Weggehen Jeremias ist ein deutlicher Fingerzeig, aus welchen der beiden Propheten in Wahrheit das Wort des lebendigen Gottes spricht.

Zum Nachdenken: Manchmal müssen wir auch das Schweigen Gottes ertragen und auf Gottes Antwort warten. Der Bote Gottes kann nur mit Vollmacht verkündigen, wenn er ein auf Gottes Antwort Wartender und Hörender bleibt.

Die Verkündigung des Heils

30. Tag

Botschaft an die Deportierten: Gericht und Hoffnung

Jeremia 29,1-14
Jeremia hat Gelegenheit, durch zwei Gesandte, die der König Zedekia zum König nach Babel gesandt hat, eine Botschaft an die Gefangenen in Babylon mitzugeben. Im Jahr 597 v. Chr. ist der babylonische König Nebukadnezar nach Jerusalem eingedrungen und hat die gesamte Oberschicht (Priester, Propheten, Kämmerer, Schmiede und Schlosser mit dem König Jojachin) als Gefangene nach Babylon abgeführt. Jeremia hat offenbar von falschen Heilspropheten gehört, die unter den Gefangenen die Nachricht verbreitet haben: Die Rückkehr nach Jerusalem steht unmittelbar bevor, Gott hat sein Volk erwählt, es wird sich bald zeigen, dass Jahwe seine Feinde besiegt. Jeremia kämpft also offenbar wieder gegen den fanatischen Erwählungsglauben der nationalen Heilspropheten. Er nutzt eine Gelegenheit und schreibt einen Brief an die Deportierten (Jer. 29,1) in Babylon.

Das politische Geschehen von 597 wird von Jeremia gedeutet. Gott selbst hat die Gefangenen wegführen lassen. Gott benutzt den heidnischen Herrscher Nebukadnezar, um das Gericht auszuführen. Hier wird alle menschliche Sicherheit zerbrochen. Der Gott Israels ist kein nationaler Gott, er kann es sich leisten, sein Volk in die Hände eines heidnischen Herrschers zu geben. Er bleibt der souveräne Herr. Er mutet den israelischen Gefangenen in Babylon zu, sich im Lande der Babylonier häuslich einzurichten, Familien zu gründen, Häuser zu bauen, zu pflanzen und zu ernten (Jer. 29,5 ff.). Sie sollen ihr Schicksal bejahen, vor Gott kapitulieren und sich seiner Macht ergeben. Gott wird seinen Plan durchsetzen und den Gefangenen Zukunft ermöglichen. Die baldige Heimkehr wird nicht eintreten. Erst nach 70 Jahren wird ihnen die Rückkehr in Aussicht gestellt.

Aber Gott hat auch Gedanken des Friedens. *„Denn ich weiß wohl, was ich für Gedanken über euch habe, spricht der Herr: Gedanken des Friedens und nicht des Leides, dass ich euch gebe das Ende, des ihr wartet"* (Jer. 29,11). Wir haben hier ein Heilswort, das für die Israeliten in der Gefangenschaft wie Evangelium klingt. Wie tröstlich wirkt der Zuspruch Gottes: *„Ich weiß wohl ..."* Er gibt sich Mühe um unser Heil. Sein Plan zielt auf das Heil des Volkes. Gott weiß um die geweinten Tränen und um die enttäuschten Hoffnungen, aber er will Frieden schaffen. Frieden (Schalom) bedeutet Heil im umfassenden Sinn des Wortes, also vollständige Befriedung. Dieser Friede ist kein Gefühl, sondern Faktum. Damit sind nicht alle Zukunftsfragen beantwortet und alle Sorgen weggewischt, aber unter der Zusage seines Friedens kann man auch im fremden Land leben. So lässt dieses Wort das Evangelium aufleuchten, das in Jesus Christus seine Erfüllung findet (Joh. 14,27; 16,33; Eph. 2,14; Röm. 5,1).

Zum Nachdenken: Bei Gott kann jedes Ende zu einem Neuanfang werden. In jeder Krise liegt die Chance zu einem Neubeginn.

31. Tag

Veränderte Situation

Jeremia 29,1-14

„Dies sind die Worte des Briefes, den der Prophet Jeremia von Jerusalem sandte an den Rest der Ältesten, die weggeführt waren ..." Jer. 29,1a.

Es gibt Situationen im Leben, die man so leicht nicht vergisst. So kann ich das Datum noch genau nennen: Sonntag, der 13. Januar 1946. Nach einem Jahr Ungewissheit und ohne Nachricht von zu Hause konnte ich in französischer Gefangenschaft einen Brief meiner Mutter in den Händen halten. Wissen Sie, was ein Brief aus der Heimat in einer solchen Situation bedeuten kann? Ein Zeichen der Hoffnung! In einer Zeit, in der wir ohne Perspektive für die Zukunft gelebt haben, ein Lichtstrahl mitten in Verunsicherung und Trostlosigkeit. Wie oft habe ich diesen Brief gelesen, weil ich gespürt habe: Hier werde ich ermutigt. Ich bin nicht abgeschrieben. Da sind Menschen in der Heimat, die für mich beten und an mich denken.

Unser Bibelwort spricht auch von einem Brief, den die Israeliten in babylonischer Gefangenschaft durch Gesandte empfangen. In diesem Brief meldet sich der Prophet Jeremia zu Wort. Er betont, dass er keine eigenen Gedanken weitergibt. *„So spricht der Herr."* Der Brief Jeremias ist ein heilsamer Angriff auf Resignation und Frustration der Gefangenen. „Ihr seid nicht von Gott abgeschrieben."

Eigentlich ist doch das Wort Gottes wie ein Brief aus der Welt Gottes, ganz persönlich an dich und mich gerichtet. *„So spricht der Herr"*, das ist wie ein Posaunenstoß, wie das Aufreißen des Himmels. „Ich, der Herr, bin da, ich bleibe der Herr. Hört auf meine Stimme." So ergeht der Ruf Gottes in die ganze Verunsicherung und Orientierungslosigkeit hinein.

Da tauchen nämlich in der babylonischen Gefangenschaft falsche Propheten auf, Glückspropheten, die die Sehnsucht nach dem natürlichen, religiösen Glück befriedigen wollen, indem sie die baldige Rückkehr aus der Gefangenschaft ankündigen. Jeremia warnt: Lasst euch nicht betrügen, das ist nicht Gottes Stimme. „So spricht der Herr", Gott redet und sucht die Gemeinschaft mit uns. Wir können hören und Antwort geben. Es ist ein Wunder, vor dem wir staunend stehen: Der lebendige, heilige Gott macht sich verständlich. So beginnt die Geschichte des Glaubens in der Schrift. Gott spricht in unsere Situation hinein. Wir werden in dieser Welt mit sehr viel Ahnungslosigkeit und Unsicherheit konfrontiert. Da lesen wir in einer Schrift: „Wir wissen gar nicht mehr so recht genau, wer Gott ist", darum ist Vertrauen und Gehorsam gegenüber einem Gott außerhalb unsrer Welt nicht möglich.

Zum Nachdenken: Die Bibel sagt demgegenüber: Gott meldet sich zu Wort, dort, wo seine Gemeinde sich sammelt und wo dieses schlichte und oft verkannte Wort verkündigt wird. Der Brief des Jeremia hilft uns, die Zerrbilder von Gott zu überwinden. Wie wird der lebendige Gott hier erfahren?

32. Tag

Der ganz andere Gott

Jeremia 29,4ff.

„Wie kann Gott mit seinen Leuten so umgehen?" – so fragt mich ein Schwerkranker, der auf das Sterben zugeht. „Ich bin ohne Vater aufgewachsen, weil mein Vater im Krieg blieb, und meine Kinder werden wieder ohne Vater aufwachsen." Ich hörte diese bohrende Frage wie einen Schrei der Anfechtung: „Gott, ich verstehe dich nicht." Ähnlich haben die Israeliten gefragt: „Wir sind im fremden Land, herausgerissen aus der vertrauten Heimat, den Machtstrukturen eines brutalen Herrschers preisgegeben. Was hat das alles mit Gott zu tun? Gott hat uns doch als sein Volk erwählt. Wo bleiben nun die Verheißungen Gottes?"

So bringen sie einen Misstrauensantrag gegen Gott ein. Und Jeremia zerreißt alle Illusionen, es ist der lebendige Gott, der sie in die Gefangenschaft führte, und dazu benutzt er den babylonischen Herrscher Nebukadnezar. Da fällt die ganze Dogmatik der nationalen Heilspropheten zusammen, da wird alle menschliche Sicherheit zerbrochen. Nein, Gott ist nicht der uns verfügbare, bequeme Gott. Der Psalmist betet: „Gott, dein Weg ist heilig." Für einen Israeliten bedeutete es schon eine harte Zumutung, in einem heidnischen Land, fern von Jerusalem, der Gottesstadt und dem Tempel sich anzusiedeln. Aber Gott wagt diese Grenzüberschreitung. *„Richtet euch hier häuslich ein, gründet Familien, baut Häuser, pflanzt und erntet"* (Jer. 29,5).

Jeremia korrigiert ihre Vorstellungen von Gott. Gott ist ein souveräner, heiliger Gott, manchmal ganz anders, als Menschen es erwartet und sich vorgestellt haben. Gott kann ein Wunder tun, aber er kann es auch lassen. Er bleibt in jedem Fall der Herr. Jeremia reißt die Strohhalme weg, an die sie sich bisher geklammert haben. „Es wird schon bald wieder nach Hause gehen." Nein, richtet euch im fremden Land ein, d. h. sagt Ja zu Gott und zu seinen Wegen, gebt ihm Recht, geht offensiv in die Zeit, klebt nicht an alten Gegebenheiten. Wie viele Fragen und Anklagen ergeben sich aus der Erkenntnis: „Gott ist anders, Gott ist heilig." Wie viele ballen die Fäuste gegen unbekannt und im Geheimen auch gegen Gott! Wie viel Bitterkeit erwächst daraus!

Wir alle kennen schwere Menschenschicksale. Ich habe von einer Frau gelesen, die nur mit Schrecken an ihre Kindheit und Jugend denkt, weil sie ihren Vater als despotischen Vater erlebt hat. Sie heiratet später einen Mann, der sich als Tyrann entpuppt. Das gemeinsame Kind stirbt, die Ehe wird geschieden, die Frau geht eine zweite Ehe ein, in der sie endlich aufatmen kann. Aber der Mann stirbt bald, die Frau gerät in Krankheit und Geldnot. Am Ende ruft sie aus: „Ich verfluche mein Leben!" Geballte Fäuste, Auflehnung gegen das Schicksal oder gegen Gott. Dagegen stelle ich das Zeugnis einer Diakonisse, die viele Jahre ihres Lebens im Rollstuhl zubringen musste: „Ich habe Ja gesagt!" Auch wenn sie Gottes Wege nicht verstand. Dieses Jasagen erweist sich oft als harter Kampf. Es wird immer wieder ein Lernprozess sein, sein Leben aus Gottes Hand anzunehmen.

Das Nichtannehmen macht passiv, das Annehmen aktiviert, so führt der Schweizer Nervenarzt Paul Tournier als Christ in seinem Buch „Krankheit und Lebensprobleme" aus: „Die Bejahung des Lebens ist einer der Hauptfaktoren für das Gesundwerden." Wie ein roter Faden zieht sich durch das ganze Buch dieses Thema: Sein Leben annehmen: Unsere Eltern, sein Geschlecht bejahen, die Ehelosigkeit, das Älterwerden, die Kinder. „Das Leben annehmen heißt auch, alle Ungerechtigkeit annehmen, deren Opfer man zu sein glaubt: Ungerechtigkeiten des Schicksals, Ungerechtigkeiten der Menschen ... Eine ständige Auflehnung gegen die Ungerechtigkeit bildet die Hauptquelle viele ihrer physischen und psychologischen Leiden“.

Das Jasagen betrifft auch die Zeit, in die wir hineingestellt sind. Wie viele reiben sich wund an schwierigen Lebensbedingungen und an dieser Welt mit ihren Konflikten und Ängsten, an dem Terminkalender, der sie unter Druck setzt, an den Staus auf den Straßen und der permanenten Hektik!

Zum Nachdenken: Wir wollen unser Leben aus Gottes Hand annehmen. Vielleicht kann das nur so geschehen: Wir beten Gott über seinen Wegen an, auch wenn wir sein Tun nicht verstehen (Röm. 11,36).

33. Tag

Der rettende Gott

Jeremia 29,11
„Denn ich weiß wohl, was ich für Gedanken über euch habe, spricht der Herr: Gedanken des Friedens und nicht des Leides, dass ich euch gebe das Ende, des ihr wartet.“

„Ich weiß wohl“, sagt Gott, der Herr. Wie gut tut ein solcher Zuspruch! Wie menschlich redet die Bibel von Gott! Er macht sich Gedanken um uns. Luther sagt: „Ich weiß von keinem anderen Gott, denn der Mensch geworden ist.“ In der Berufung des Mose lesen wir: „Ich habe gesehen, ich habe gehört, ich habe euer Leiden erkannt, ich bin hernieder gefahren.“ Gott hat Augen, die sehen, und Ohren, die hören, und ein Herz, das mitempfindet.

Gott ist nicht auf einem sicheren Thron sitzen geblieben, um den Menschen zuzuschauen. Nein, er ist heruntergekommen, immer tiefer in unsere Niederungen hinein. Das ganze Neue Testament ist eine einzige Darstellung des heruntergekommenen Gottes. Sieht man die Geschichte Jesu an, dann erfährt man, wer Gott ist. Vom Neuen Testament verstehen wir erst recht, was hier von Gott bezeugt wird: Er hat Gedanken des Friedens. Er wird aktiv für uns. Er gibt sich Mühe um unser Heil. Er hat ein Herz für die Not des Volkes, es packt ihn das Erbarmen, wenn er den Elenden, den Kranken sieht. Wie gut tut das, wenn einer um unsere heimlich geweinten Tränen weiß. Er kann nicht mit ansehen, wenn Menschen kaputtgehen. Er hat durch Jesus Christus Frieden gemacht. Das ist sein eigentliches Werk, meint Luther im Unterschied zu dem fremden Werk, das wir nur schwer begreifen.

Jeremia bezeugt: Gott hat nie aufgehört, der Heilige zu sein, aber seine Barmherzigkeit ist entbrannt. Das ist die Obermelodie, der cantus firmus in der Geschichte Gottes mit uns. Frieden, umfassende Befriedung unseres Lebens ist sein Ziel. Anlässlich des Frankfurter Kirchentages 1956 wurde ein Plakat mit dem Thema des Kirchentages herausgegeben. „Lasst euch versöhnen mit Gott." Da sah man eine ausgestreckte Hand, mit einem Nagel durchbohrt, der Hinweis auf den gekreuzigten Herrn. Gott streckt uns seine Hand entgegen und lädt uns ein, in seinem Friedensraum zu leben. Gott will, dass wir als Menschen des Friedens durchs Leben gehen: *„... dass ich euch Zukunft und Hoffnung gebe"*.

Dieser rettende Gott ist auch ein Gott der Hoffnung. Er sieht über dem Elend der Gefangenschaft, über den Trümmern Jerusalems das Neue wachsen und werden. Wo Menschen schon alle Hoffnungen begraben haben, sieht Gott Neues wachsen. Er verliert den Mut nicht über uns. Darum haben Missionare in den aussichtslosen Situationen durchgehalten. Darum können Christen, die in der Suchtarbeit stehen, auch bei Enttäuschungen weitermachen. Dieser Gott weist über die Gegenwart hinaus auf eine Zukunft, in der seine Herrschaft sich durchsetzt und eine neue heile Welt anbricht, in der Gerechtigkeit wohnt und in der alles Leid überwunden ist.

Zum Nachdenken: Was hier an Heil und Rettung für Israel verheißen wird, ist in der Geschichte Jesu für alle Welt wirksam geworden. Die Jesusgeschichte ist die lebendige Darstellung des heruntergekommenen Gottes, dessen Liebe immer wieder neu anknüpft.

34. Tag

Der Gott, der mit sich reden lässt

Jeremia 29,12
„Und ihr werdet mich anrufen und hingehen und mich bitten, und ich will euch erhören."

Gott verheißt seinem Volk die Rückkehr in die Heimat. Gott hat uns seinen Namen gegeben und ist aus der Verborgenheit herausgetreten. Er lädt uns ein, alles mit ihm zu besprechen. Er lässt mit sich reden. Dies darf gewiss nicht so verstanden werden, als sei Gott ein Kumpel, der auch mal ein Auge zudrücken kann. Im Hintergrund unseres Wortes erkennen wir auch den, der die Ermächtigung zum Beten gibt, Jesus Christus. Er hat uns zum Kontakt mit Gott befreit. „Ihr könnt euch auf meinen Namen berufen." Jesus nimmt das weg, was zwischen uns und Gott steht. Durch sein Leiden und Sterben hat er uns das Recht erkämpft, Gott anzureden. Jesus ist für uns der kompetente Mann, der Ansprechpartner, wenn es um unsere Beziehung zu Gott geht. So werden wir ermutigt, Gott mit unseren Bitten anzugehen.

Das Neue Testament sagt, durch Jesus haben wir den Freimut, Gott zu bitten. Gerade in einer Welt, die immer undurchschaubarer und komplizierter wird, ruft der Herr uns zum Vertrauen. Wer hat schon eine Antwort darauf, wie wir mit den Nationalitätenkonflikten, mit der zunehmenden Gewaltbereitschaft und mit Umweltproblemen fertig werden sollen!? Der Herr sagt: „Ich will mich von euch finden lassen, ich will euch Antwort geben."

Gewiss bedeutet das nicht, dass alle Fragen und Rätsel dieser Erde gelöst sind, aber ich weiß mich in den Händen des Gottes, der in Jesus Christus unser Vater ist, aufgehoben.

Pastor Fritz Bodelschwingh erzählt von seinem Jungen, der eines Nachts heulend vor dem Bett seines Vaters stand. Als der Vater ihn fragte: „Junge, was willst du?", gab er zur Antwort: „Vater, ich wollte nur zu dir." Bodelschwingh erklärt an diesem Erleben, was Beten für uns bedeutet: „Sich aus der Angst der Welt aufmachen und zum Vater gehen."

Zum Nachdenken: Jesus lehrt seine Jünger, „Abba", lieber Vater, zu rufen. Lasst uns diese priesterliche Aufgabe wahrnehmen und für unser Land, für unsere Verantwortlichen betende Hände aufheben! Beter sind Hoffnungsträger, die nicht nur über schlimme Zustände im Lande jammern, sondern Gottes Auftrag sehen. Sucht das Heil der Stadt und des Landes! Und hören wir, was Johannes Goßner über die Beter sagt: „Wer Jesus im Glauben sucht, dem müssen alle Berge aus dem Weg gehen."

35. Tag

Gott ermuntert zu betender Verantwortung

Jeremia 29,12 ff.
„Ihr werdet mich anrufen und hingehen und mich bitten, und ich will euch erhören."

Aus geballten Fäusten sollen gefaltete Hände werden. Das ist der erste Ausdruck des Friedens. Gott ist ein Gott, der mit sich reden lässt. *„Ihr werdet mich suchen und finden; denn wenn ihr mich von ganzem Herzen suchen werdet, so will ich mich von euch finden lassen, spricht der Herr, und will eure Gefangenschaft wenden und euch sammeln aus allen Völkern und von allen Orten, wohin ich euch verstoßen habe, spricht der Herr, und will euch wieder an diesen Ort bringen, von wo ich euch habe wegführen lassen"* (Jer. 29,13-14).

Die Einladung zum Beten wird um die Aufforderung erweitert, doch betend Verantwortung wahrzunehmen. *„Suchet der Stadt Bestes und betet für sie"*, also betet für eine heidnische, gottlose Stadt! Das ist eine ganz neue Sicht im Alten Testament. Für einen Juden, der von einem fanatischen Erwählungsglauben bestimmt ist, scheint diese Aufforderung eine harte Zumutung zu sein. Wie kann man für eine heidnische Welt, die doch dem Gericht Gottes verfällt, beten!? Wie kann man sich für ein Land einsetzen, das doch Götzen anbetet!? Erstmalig wird hier von Israel die Fürbitte für ein nicht zu Jahwe gehörendes Volk gefordert. Den Gefangenen wird zugerufen: Ihr habt eine große Aufgabe im heidnischen Land. Ihr sollt den wahren Gott, seine Wirklichkeit, sein Heil für die heidnische Stadt bezeugen. Ihr sollt Segensträger für das Land Babel sein. Ihr bildet geradezu einen Brückenkopf Gottes in der heidnischen Welt. Gott will das Heil der ganzen Welt. So erfahren die Weggeführten: Wo ihr auch seid, ich werde mich finden lassen und euch heimbringen.

Im Neuen Testament ist die Gemeinde Jesu Christi in diese Welt hineingestellt, um Gottes Liebe transparent zu machen. *„Ihr seid das Salz der Erde"*, sagt Jesus zu seinen Jüngern. Der 1. Petrusbrief kennzeichnet die Christen als erwählte Fremdlinge in der Diaspora (wörtlich: Zerstreute Samenkörner). Die Gemeinde Jesu ist Brückenkopf Gottes in dieser Welt.

Gott sagt den Deportierten: Ihr seid in eine heidnische Gesellschaft hineingestellt, in der ihr die Wirklichkeit Gottes, die Liebe Gottes transparent machen sollt. Das gilt auch heute: Wir sind als Christen in Babel, um uns herum ist eine heidnische Atmosphäre mit ihren modernen Götzen und dem Verfall der Werte.

Hier ist uns diese große Aufgabe übertragen, durch Gebet Energien und Kräfte der ewigen Welt freizusetzen. Petrus ruft der Gemeinde zu: Ihr seid auserwählte Fremdlinge in der Diaspora, ihr fallt wie ausgestreute Samenkörner in diese Welt. Weil Gott das Heil der ganzen Welt will, möchte er Israel als Hoffnungsträger für Babylon beauftragen. Neutestamentlich heißt das: Wir leben als Christen in Babel. Babel ist in der Schrift Symbol für die heidnische, ja antichristliche Gesellschaft. Christen sind Hoffnungsträger für eine entchristlichte Welt. Christen können sich nicht in Babel hinein auflösen. Christen sind vielmehr Priester in der babylonischen Umwelt, wie Hinweisschilder, die auf das Wesentliche hinweisen. Je mehr Beter unsere Gesellschaft hat, umso weniger sind wir den Explosivkräften unserer Gesellschaft ausgesetzt.

Zum Nachdenken: Wir leben in einer säkularen Welt, manche sprechen vom nachchristlichen Europa. Wenn wir hören, wie Gott den Deportierten zuruft *„Suchet der Stadt Bestes"*, so wollen wir uns fragen lassen: Wie können wir Verantwortung für eine säkulare Welt übernehmen? (Lies 1. Petr. 2,13ff.)

36. Tag

Zeichen der Hoffnung

Jeremia 32
Hier wird uns von einer ungewöhnlichen Begebenheit berichtet. Jeremia ist Gefangener im Hof des Königspalastes, Jerusalem ist belagert. Jeremia hat die totale Kapitulation als einzigen Ausweg für den König und das Volk gefordert. Da erhält er durch Gott den Auftrag, von seinem Vetter einen Acker zu kaufen. Offenbar soll Jeremia sein Vorkaufsrecht wahrnehmen. Wahrscheinlich hat Jeremia eine gewisse Bewegungsfreiheit in seiner Gefangenschaft. Der Kaufakt wird unter Zeugen vollzogen, Baruch erhält den Auftrag, die Kaufurkunde in einem Tongefäß zu verwahren. Der Acker liegt in einem Gebiet, das schon vom Feind besetzt ist. Der Kaufakt muss in dieser verzweifelten Situation Jerusalems als sinnlos erscheinen und Aufsehen erregen.

Der Kaufakt hat prophetische Bedeutung, er soll Zeichen, Siegel und Unterpfand der kommenden Heilszeit sein. Man wird in diesem Lande wieder Häuser bauen und Äcker und Weinberge bestellen. Die Katastrophe ist jetzt aber unabwendbar. In dieser Situation wird durch den Ackerkauf die Verheißung Gottes über den Trümmern deutlich. Jedes Ende kann zum Neuanfang bei Gott werden. Gott handelt dabei wie der Schöpfer, der aus Trümmern Neues baut (Jer. 32,37-38,43-44).

Gott schafft einen neuen Bund. Der Bund zwischen Jahwe und Israel besteht ja schon, ist aber gebrochen worden, weil das Volk eigenmächtig seinen Weg gegangen ist. Israel ist vertragsbrüchig geworden. Dennoch gibt Gott nicht auf. „Ich will einen neuen Bund mit euch schließen."

„Die Erde muss umgestaltet werden", so fordern die französischen Studenten in den 1968er Jahren. Ein leidenschaftlicher Wille zur Reform und zur Veränderung tritt da hervor. Ein indischer Guru zieht von Dorf zu Dorf, um die reichen Großgrundbesitzer zu bewegen, etwas von ihrem Landbesitz für die Armen abzugeben, aber vergeblich. Er glaubt zwar an das Gute im Menschen, aber wie soll das Gute umgesetzt werden? Da bleibt er die Antwort schuldig.

Als Jesus mit seinen Jüngern das Passahmahl vor seinem Leiden feiert, da bezeugt er: In meinem Leiden und Sterben ist der neue Bund für alle Menschen in Erfüllung gegangen. Gott fängt in Jesus noch einmal ganz neu, völlig anders an. Eine neue Epoche beginnt. Der alte Bund ist nicht einfach aufgehoben, er wird vielmehr „auf sein wahres Niveau gehoben". Es ist ein Neuanfang, dessen Grund die unergründliche ewige Güte ist (Jer. 31,3), es ist die letztgültige Bewährung der Liebeserklärung. Nicht durch menschliche Anstrengung, nicht durch Aktionismus ist der neue Bund bestimmt, sondern Gott selbst tritt als der Schöpfer auf, der in seiner Kraft das Neue schafft. So haben wir hier eine pfingstliche Verheißung (ähnlich Hes. 36,26 ff.). Hinter dem Entschluss Gottes steht die ganze Autorität des Herrn, der aus dem Nichts, aus den Trümmern Neues erstehen lässt.

Zum Nachdenken: Nicht durch vermehrte menschliche Anstrengung, sondern durch die schöpferische Kraft des Heiligen Geistes geschieht Erneuerung (Sach. 4,6). Die pfingstliche Zusage will unter uns das Vertrauen zu Gottes Aktion wecken.

37. Tag

Eine neue Grundlage: ein neuer Bund

Jeremia 31,31-34

„Siehe, es kommt die Zeit, spricht der Herr, da will ich mit dem Hause Israel und mit dem Hause Juda einen neuen Bund schließen, nicht wie der Bund gewesen ist, den ich mit ihren Vätern schloss, als ich sie bei der Hand nahm, um sie aus Ägyptenland zu führen, ein Bund, den sie nicht gehalten haben, ob ich gleich ihr Herr war, spricht der Herr; sondern das soll der Bund sein, den ich mit dem Hause Israel schließen will nach dieser Zeit, spricht der Herr: Ich will mein Gesetz in ihr Herz geben und in ihren Sinn schreiben, und sie sollen mein Volk sein, und ich will ihr Gott sein. Und es wird keiner den andern noch ein Bruder den andern lehren und sagen: ‚Erkenne den Herrn', sondern sie sollen mich alle erkennen, beide, klein und groß, spricht der Herr; denn ich will ihnen ihre Missetat vergeben und ihrer Sünde nimmermehr gedenken."

Die Israeliten haben sich von den faszinierenden Angeboten ihrer religiösen Umwelt blenden lassen, sie drängen Gott beiseite und hängen sich an nichtige Götzen. Sie haben sich von dem wahren Gott und von seinen Geboten immer weiter entfernt. Nun verheißt Gott: *„Ich will eurer Sünde nicht mehr gedenken."* Israel erfährt das Wunder der Vergebung. Hier können wir auf die Einsetzung des Abendmahls durch Jesus verweisen (Matth. 26,38). Gott hat den neuen Bund durch Jesus besiegelt. Der Tod Jesu verbürgt uns Gottes Erbarmen. Nun ist eine neue Lage entstanden. Wie sehr wirkt doch die Vergangenheit in unser gegenwärtiges Leben hinein! Man kann im Grunde nur leben, wenn man den Rücken frei hat, wenn die Hypotheken unseres Lebens gelöscht sind. Die nordische Schriftstellerin Hildor Dixelius hat ein Buch geschrieben, das den Titel trägt „Die Sünderin". Darin schildert sie das Leben einer Frau, die durch Gier und Idealismus Schuld auf sich lädt. Sie muss im Gefängnis dafür büßen und wird schließlich auch von der Gesellschaft mit Verachtung gestraft. Es ist wie ein Schrei der Verzweiflung, wenn sie ausruft: „Man kommt nie los von dem, was man getan hat. Es wird doch nie mehr wie früher. Das ganze Leben ist zerstört, auch wenn man noch so viele Jahre zu leben hat." Das biblische Verheißungswort aus Jesaja 1,18 wird zum Balsam für ihr Leben. Sie hält sich daran fest. „*Wenn eure Sünde gleich blutrot ist, so soll sie doch schneeweiß werden.*" Dann fasst sie die neu gewonnene Erkenntnis so zusammen: „Wenn man nicht glauben dürfte, dass es eine Vergebung gibt, so könnte man gar nicht weiter leben." Vergebung wird die neue Basis für ihr Leben. Allein durch die Vergebung gibt es ein Aufatmen.

Das ist reformatorische Urerfahrung. „Vergebung ist das Geschenk des Lebens an den zum Tode Verurteilten." Für Luther geht es im Artikel von der Vergebung um Sein und Nichtsein der Kirche. „Von diesem Artikel kann man nicht weichen, noch nachgeben, es falle Himmel und Erde und was nicht bleiben mag." Wenn man sich auf diesen Grund stellt, hat die Vergangenheit kein Recht mehr zu verklagen. Vergebung ist ein Fundament, das uns im Leben und im Sterben trägt.

Zum Nachdenken: Kann nach so viel Bruch noch einmal alles anders werden? Gibt es noch eine Chance für Israel? Manch einer stellt diese Frage: Kann man sein Leben noch einmal von vorne anfangen? Ein Schriftsteller drückt diese Sehnsucht folgendermaßen aus: Man müsste sein Leben noch einmal ins Reine schreiben können. Gleicht unser Leben nicht einem Aufsatz, bei dem viel verbessert werden muss!? Kennen wir dieses Seufzen über dem Bruchwerk unseres Lebens? Gibt es einen neuen Anfang? Gott verheißt: „Ich will wieder neu anfangen!" Dahinter steht die Autorität des lebendigen Gottes. Es wird nicht durch Menschenkraft noch durch menschliche Klugheit geschehen. Menschen haben ja immer wieder versucht, das alte Lied von Egoismus und Ungerechtigkeit zu überwinden, die Knechtung des Menschen und den Hass gegeneinander zu durchbrechen.

38. Tag

Eine neue Lebensgestaltung

Jeremia 31,33
„Ich will mein Gesetz in ihr Herz geben ... und sie sollen mein Volk sein und ich will ihr Gott sein."

Gott hebt das Gesetz nicht einfach auf, Gottes Wille soll und muss getan werden. Wie vollzieht sich diese neue Lebensgestaltung? Es handelt sich nicht um eine Verwandlung wie im Märchen. Da wird die alte Haut abgestreift und man erhält eine neue Gestalt. Das Neue ist nicht so zu verstehen, als bekämen wir neue, optimale Charaktereigenschaften oder auch ein neues Temperament, es gibt also keine Substanzveränderung. Das ist vielmehr der neuen Welt Gottes vorbehalten, so wie sie uns in Offenbarung 21 beschrieben wird. Der alte Mensch mit Fleisch und Blut ist noch nicht erledigt.

Aber Gott schenkt eine neue Lebensmitte, eine neue Steuerung. Das Neue besteht also in der Abhängigkeit des Menschen von Gott: „*... sie sollen mein Volk sein und ich will ihr Gott sein.*" Wer Gottes Gesetz im Herzen hat, wird geleitet von seinem Geist, der ihm den Willen Gottes zeigt, damit er ihn tun kann. Das Gesetz ist nun nicht mehr drückende Last, sondern unter dem Einfluss des Heiligen Geistes fragt der Mensch: Was will Gott? Was gefällt Gott? Das ist eine neue Lebensrichtung. Gott strahlt ein neues Programm in unser Leben hinein. Nun heißt es nicht mehr „du musst lieben", sondern der Geist Gottes gibt mir den langen Atem, auch den Unsympathischen zu tragen und ihm freundlich zu begegnen. Meine Charaktereigenschaften werden nicht verwandelt, aber bewältigt durch den Geist Gottes. Mein Naturell bleibt, aber durch den Geist erfahre ich eine neue Steuerung. Jeremia spricht auf seine Weise hier von der Ausgießung des göttlichen Geistes. Hier wird uns das Wunder eines neuen Gehorsams beschrieben, der durch den Geist Gottes bewirkt wird. Nicht irgendein Zwang wird durch dieses Gesetz ausgeübt, es ist vielmehr, wie Jakobus formuliert, ein Gesetz der Freiheit (Jak. 1,25).

Ein neuer Mensch, von Gottes Geist bestimmt, kann auch Gottes Willen tun. Gewiss bleibt auf dieser Erde der Kampf zwischen Geist und Fleisch, der neue Gehorsam ist nicht automatisch da, aber alle Lebensgestaltung steht unter einem neuen Vorzeichen. Gott erweist an seinem Bundespartner seine schöpferische Kraft. Hier gilt nicht der kategorische Imperativ von Kant „Du kannst, denn du sollst". Ich bin nicht mehr Knecht unter dem Gesetz, sondern Kind Gottes. Ich lebe nicht mehr aus dem Gesetz, sondern aus der Gnade. Damit ist das Gesetz nicht einfach aufgehoben, sondern vielmehr „ausgerichtet". Die Liebe, so meint Luther, erfindet immer wieder neue Dekaloge. Und gleichzeitig weist er darauf hin: Solange wir auf dieser Erde sind, brauchen wir das Gesetz, denn wir tragen noch Fleisch und Blut an uns. Solange wir noch im Interim, d. h. zwischen Pfingsten und der Wiederkunft Jesu leben, kann auch der gläubige Christ nicht darauf verzichten, sich in seinem Tun und Lassen von Gottes Gebot überprüfen und lenken zu lassen.

Zum Nachdenken: „Schaff in mir, Herr, den neuen Geist, der dir mit Lust Gehorsam leist und nichts sonst als was du willst will, ach Herr, mit ihm mein Herz erfüll." (Jo. Friedrich Ruopp)

39. Tag

Ein neues Vertrauensverhältnis

Jeremia 31,34
„Und es wird keiner den andern noch ein Bruder den andern lehren und sagen: „Erkenne den Herrn", sondern sie sollen mich alle erkennen, beide, klein und groß, spricht der Herr; denn ich will ihnen ihre Missetat vergeben und ihrer Sünde nimmermehr gedenken."

Alle Altersstufen werden den Herrn erkennen. Damit ist nicht ein intellektuelles Verstehen und Erkennen gemeint, sondern die Bibel gebraucht dieses Wort „erkennen", um die innigste Gemeinschaft, die persönliche Gemeinschaft zwischen Gott und Mensch zu beschreiben. „Ich will ihr Gott sein und sie sollen mein Volk sein." Nun hört das unsichere Fragen und Tasten im Blick auf Gott auf. Nun muss ich nicht mehr vom unbegreiflichen Schicksal sprechen, sondern Gott schenkt durch seinen Geist Gewissheit, so dass ich sagen kann: Gott ist da, auch in den verborgenen Weltzusammenhängen, auch in den unbegreiflichen Führungen meines Lebens kann ich vertrauen. Niemand kann mich aus der Hand des Herrn lösen. Er kennt mich mit Namen. Im neuen Bund ist das Urvertrauen wieder hergestellt, das durch die Sünde zerstört war.

Bei Adam und Eva beginnt der Abfall von Gott mit dem Misstrauen, der neue Bund ist dagegen durch Gewissheit gekennzeichnet. „Wir können wissen, was uns von Gott gegeben ist" (1. Kor. 2,12). Dieses Wissen schließt auch die Klarheit des Glaubens ein, das Erkennen, wer Gott ist und was er mit mir vorhat. Der neue Bund bringt auch eine neue geistliche Mündigkeit mit sich. Es wird keiner mehr den anderen, niemand seinen Bruder lehren und vermahnen, d. h. keiner muss dem anderen noch das Gesetz einschärfen und erklären, sondern durch den Geist Gottes darf ich erkennen, was Gott für mich getan hat und was er von mir erwartet. Es ist nicht so gemeint, als ob der Bruder, die Schwester für unseren Glaubensstand keine Bedeutung mehr hätten. Solange wir auf dieser Erde sind, brauchen wir die Ergänzung, die Korrektur und den Zuspruch durch Brüder und Schwestern. Der neue Bund ist zwar durch Jesus ganze Wirklichkeit geworden, und doch ist er noch nicht vollkommen erfüllt. Die hier ausgesprochene Verheißung weist auf das Kommen Jesu hin, durch das die geistliche Mündigkeit vollständige Erfüllung erfährt (Offb. 21,1 ff.). *„Und er wird bei ihnen wohnen, sie werden sein Volk sein und er wird ihr Gott sein."*

Zum Nachdenken: Rührt nicht viel Unsicherheit im Glauben von der fehlenden Gewissheit her? Gewissheit im Glauben ist keine Vermessenheit (1. Kor. 2,12). Der Heilige Geist macht uns im Glauben gewiss. Gewissheit ist keine Sache des Gefühls, sondern „man muss den Mann ansehen, welcher Jesus heißt". (Luther)

40. Tag

Eine neue Heilserfahrung

Jeremia 32,37b ff.
„Ich will sie wieder an diesen Ort bringen, dass sie sicher wohnen sollen ...“

Die Verheißung des neuen Bundes bezieht sich auch auf das geschöpfliche und leibliche Leben. Im Alten Testament bilden geistliches und geschöpfliches Leben eine Einheit. Wenn Gott heilt, dann tut er das ganz. So ist die Verheißung des neuen Bundes in Jeremia 32,40 ff. mit der Zusage verbunden: *„Ich will nicht ablassen, ihnen Gutes zu tun“*, *„es soll meine Freude sein, ihnen Gutes zu tun.“* Die Bibel klammert das Lebensglück des Volkes nicht aus. Jeremia 33,11 ff. erläutert das Gute. Es wird wieder Hochzeit gefeiert, die Viehherden können wieder weiden, es gibt einen wirtschaftlichen Aufschwung. Gott tut seinem Volke wohl. Das Heil wird in seiner ganzen Fülle erfahren. Der Heilszustand hat aber nur dann Bestand, wenn er auf dem Grund der vergebenden Gnade Gottes gesehen wird. Jeremias Heilsbotschaft lässt die Übermacht der Gnade aufleuchten.

Zum Nachdenken: Lasst uns hellsichtig werden für die Spuren des Segens Gottes in unserem Leben und im Leben der Gemeinde. Segen ist keine Garantieerklärung Gottes für ein glückliches Leben, sondern führt uns mehr und mehr in die Abhängigkeit von Gott. Gott setzt heilende Energien frei, und nur in der Verbindung zu Gott werden die heilenden Kräfte wirksam und die irdischen Wohltaten uns zum Segen.

Das Schicksal der prophetischen Botschaft

41. Tag

Das Wort wird Geschichte

Jeremia 36
„Im vierten Jahr Jojakims, des Sohnes Josias, des Königs von Juda, geschah dies Wort zu Jeremia vom Herrn: Nimm eine Schriftrolle und schreibe darauf alle Worte, die ich zu dir geredet habe über Israel, über Juda und alle Völker von der Zeit an, da ich zu dir geredet habe, nämlich von der Zeit Josias an bis auf diesen Tag. Vielleicht wird das Haus Juda, wenn sie hören von all dem Unheil, das ich ihnen zu tun gedenke, sich bekehren, ein jeder von seinem bösen Wege, damit ich ihnen ihre Schuld und Sünde vergeben kann“ (Jer. 36,1-3).

Die Großmacht Babylon beherrscht den vorderen Orient um 600 v. Chr. Nebukadnezar, der babylonische König, marschiert auf Jerusalem zu, um sich Juda gefügig zu machen. Der judäische König Jojakim unterwirft sich dem babylonischen Herrscher und zahlt Tribute. Juda soll auf diese Weise ausgeblutet werden. Aber die Gefahr, die Jerusalem droht, ist zunächst abgewandt. Alles atmet auf, die Gerichtsbotschaft des Jeremia ist in Frage gestellt, man nimmt sie nicht mehr ernst. Jerusalem ist noch einmal davongekommen.

Jeremia lässt sich jedoch von der Stimmung im Volk nicht täuschen. Er benutzt einen Fastentag, der für das ganze Volk ausgerufen wurde, um die ihm aufgetragene Botschaft vor den Ohren des Volkes zu verlesen. Da er durch Redeverbot offensichtlich ausgeschaltet ist, beauftragt er seinen Schüler und Freund Baruch, die Botschaft der Öffentlichkeit zu übermitteln. *„Da rief Jeremia Baruch, den Sohn Nerias. Und Baruch schrieb auf eine Schriftrolle alle Worte des Herrn, die er zu Jeremia geredet hatte, wie Jeremia sie ihm sagte“* (Jer. 36,4).

Wir sehen daran: Die Bibel ist kein vom Himmel gefallenes

Buch, wie der Koran, sondern Menschen schreiben im Auftrag Gottes in ihrer Sprache an ihre Zeitgenossen. *„Da geschah das Wort des Herrn ...“* Das ist der Ausgangspunkt der Schrift, nicht menschliche Meinungen oder Deutungen, sondern Gottes Wort geschieht – dies ist der erste Schritt im Werdeprozess der Schrift. So macht Gott Geschichte mit einzelnen Menschen und mit seinem Volk. In Israel weiß man: Es ist ein Wunder, wenn Gott spricht. Gott will die Kommunikation mit uns Menschen.

So steigt er in die menschlichen Niederungen herunter, er sucht den Kontakt mit uns. Wir möchten gern wissen: Wie ist die Übermittlung der Botschaft an Jeremia vor sich gegangen? Aber es gibt darauf keine Antwort. Das Reden Gottes ist nicht zu hinterfragen. Wir registrieren bei Jeremia lediglich die Gewissheit: Es ist der Herr, der geredet hat. Im Umfeld Jeremias wird diese Gewissheit immer wieder angezweifelt. Im Grunde gibt es auch keine Sicherheit für dieses Geheimnis, dass Gott gesprochen hat. Wir leben im Glauben von diesem Wunder, dass Gott spricht. Wir haben das Wort nicht einfach zur Verfügung.

Auch die menschliche Seite bei der Entstehung der Schrift wird hier deutlich. Jeremia diktiert Baruch, und dieser schreibt die Worte mit Tinte nieder, vermutlich schon auf Pergamentpapier. „Und es wurden noch ähnliche Worte hinzugefügt“ (Jer. 36,32). Die Buchrolle ist allmählich entstanden. Wahrscheinlich handelt es sich hier um die Kapitel 1-25 des Jeremiabuches. Ziel der schriftlichen Fixierung ist nicht irgendeine literarische Absicht, auch nicht Pflege der Tradition. Jeremia will nicht seine Memoiren veröffentlichen, er weiß vielmehr: Der Wille Gottes muss den Zeitgenossen bekannt werden. Weil Jeremia am öffentlichen Auftreten gehindert ist, muss das Wort auf andere Weise zu Gehör gebracht werden. Die Stimme Gottes darf nicht zum Schweigen kommen.

Zum Nachdenken: Gott spricht in eine bestimmte geschichtliche Situation hinein. Die Bibel bringt nicht eine allgemeine Lehre, sondern Wort Gottes an bestimmte Menschen, die an einem bestimmten Ort zu einer bestimmten Zeit leben. Das Wort ist Geschichte geworden. Der Heilige Geist kann uns dieses vor langer Zeit gesprochene Wort in unsere Situation hinein übersetzen und damit den „garstigen Graben“ überbrücken. Welches Wort hat mich in letzter Zeit besonders angesprochen oder bewegt?

42. Tag

Einblicke in Gottes Mühe um sein Volk

Jeremia 36,7

Die Hoffung lautet: „*Vielleicht werden sie sich mit Beten vor dem Herrn demütigen und sich bekehren, ein jeder von seinem bösen Wege; denn der Zorn und Grimm ist groß, den der Herr diesem Volk angedroht hat*“ (Jer. 36,7). Das „vielleicht“ in V. 3 und in V. 7 betont die Erwartung, dass die Gewissen der Menschen sich erschüttern lassen. Es darf nichts unversucht bleiben, auch wenn es, menschlich gesprochen, wenig Hoffnung gibt. Die Barmherzigkeit Gottes ist groß in ihrem Hoffen und unermüdlich in ihrem Dienst wie Gott selbst. Gott will nicht den Tod des Sünders. Gott lässt Raum zur Buße. Von dieser Erwartung und Hoffnung soll jede Verkündigung geprägt sein.

Die Buchrolle wird von Baruch dreimal vorgelesen, vor dem ganzen Volk (Jer. 36,10), vor den obersten Königsbeamten (Jer. 36,15) und schließlich vor dem König (Jer. 36,21). Diese umfassende Veröffentlichung des Wortes Gottes unterstreicht Gottes Ringen um die Menschen. Gott will das Heil der Menschen. Er will zurechtbringen, auch wenn das Gericht angekündigt wird.

Das Wort ergeht an das Volk mitten in einer Frömmigkeitsübung (Fasten V. 9). Fastentage wurden in Notzeiten ausgerufen. Jeremia hofft vielleicht, dass die Herzen sich hier eher erweichen lassen. Aus der gesamten Botschaft des Jeremia gewinnt man aber den Eindruck, dass Jeremia auch hier seine Kritik am israelitischen Kultus vorträgt. Die Israeliten suchen ihr Heil im Kult, in gewissen Frömmigkeitsübungen. Jeremia ruft: Kehrt um zu Gott von ganzem Herzen, beschneidet nicht eure Vorhaut, sondern eure Herzen!

Zum Nachdenken: Wie leicht kann man sich hinter einem frommen Ritus, hinter einer frommen Methode vor dem Anspruch Gottes verstecken!

43. Tag

Einblicke in die Leidensgeschichte des Wortes Gottes

Jeremia 36,16
„Und als sie alle die Worte hörten, entsetzten sie sich untereinander und sprachen zu Baruch: Wir müssen alle diese Worte dem König mitteilen“ (Jer. 36,16).

Es ist ein gefährliches Unternehmen, in das Baruch sich hineinbegeben hat. Zunächst löst die Buchrolle Entsetzen aus.

Man versteht die Worte wie ein Ultimatum Gottes an sein Volk. Michaja ist im Innersten betroffen. Darum gibt er einen Bericht an die Obersten weiter. Auch diese sind erschrocken und warnen Baruch und Jeremia, denn sie ahnen, die weitere Entwicklung könnte für Jeremia und Baruch gefährlich werden. Darum der Rat: Versteckt euch. Als dem König dann die Rolle vorgelesen wird, tritt der Widerstand gegen das Wort offen zutage. Ist es eiskalte Gleichgültigkeit, Übermut oder blinder Hass? *„Niemand erschrak und zerriss sein Kleid“* (Jer. 36,24). Die Fürsten (Oberen) sind offenbar zu schwach, um ihm entgegenzutreten. Eine gewisse Frömmigkeit hatten sie, aber der Ehrgeiz hatte sie verdorben. Der König entledigt sich der Worte: *„Wenn aber Judi drei oder vier Spalten gelesen hatte, schnitt er sie ab mit einem Schreibmesser und warf sie ins Feuer, das im Kohlenbecken war, bis die Schriftrolle ganz verbrannt war im Feuer“* (Jer. 36, 23). Es ist unglaublich.

Der König entledigt sich in seiner Machtherrlichkeit des Wortes Gottes. Weg damit! Ins Feuer! Das ist für uns nur lästig. Unter keinen Umständen an das Wort erinnert werden! Der selbstherrliche König steht dem scheinbar ohnmächtigen Wort gegenüber. Wer oder was wird sich durchsetzen?

Gott geht mit seinem Wort den Weg des Leidens. Das Wort muss in die Welt hineingelitten werden. Das sollte uns immer vor Augen stehen, wenn wir den Widerspruch gegen das Wort zu spüren bekommen. Manche sprechen vom Leidensweg der göttlichen Offenbarung. Man kann sie verachten und zertreten. Woher rührt dieser Widerspruch? An dem König sehen wir wie im Spiegel, wie ungeheuerlich die Blindheit dieses Sklaven des Satans ist. Der König verbrennt in blinder Wut die Buchrolle. Das Wort zeigt dem König seine Schieflage. Das ist ärgerlich, so wehrt er sich gegen den Ruf zur Umkehr. „Ich weiß ja viel besser, was wir zu tun und zu lassen haben. Ich lasse mich nicht von einem Propheten Jahwes korrigieren."

Zum Nachdenken: Wir verbrennen das Wort nicht, aber Widerspruch kann sich auch darin zeigen, dass man das Wort verdrängt oder es zurechtstutzt, wie es uns passt. Es ist das trotzige, eigenmächtige, ichbezogene Herz, das uns hier begegnet. Welches Schicksal erleidet das Wort in unserem Leben?

44. Tag

Einblicke in die Ewigkeit des Wortes Gottes

Jeremia 36,28-30

„Nimm dir eine neue Schriftrolle und schreibe auf sie alle vorigen Worte, die auf der ersten Schriftrolle standen, die Jojakim, der König von Juda, verbrannt hat. Über Jojakim aber, den König von Juda, sollst du sagen: So spricht der Herr: Du hast diese Schriftrolle verbrannt und gesagt: Warum hast du darauf geschrieben, dass der König von Babel kommen und dies Land verderben werde, so dass weder Menschen noch Vieh mehr darin sein werden? Darum spricht der Herr über Jojakim, den König von Juda: Es soll keiner von den Seinen

auf dem Thron Davids sitzen, und sein Leichnam soll hingeworfen liegen, am Tag in der Hitze und nachts im Frost.“

Auch nach der Verbrennung der Rolle durch Jojakim handelt Gott weiter. Jeremia erhält einen erneuten Auftrag von Gott. Der König wird das Wort nicht los, das Gerichtswort bleibt über seinem Leben stehen. Keine menschliche Gewalt kann Gottes Wort vernichten. Gottes Wort lässt sich nicht einfach ausschalten, das Wort hat einen langen Atem. Man kann geradezu von einer Auferstehung des Wortes sprechen, wir hören aus diesem Kapitel einen österlichen Klang heraus. „Gottes Wort besteht, der fahrlässige Mensch fließt vorüber“, hat Bengel gesagt.

Gerade die jüngste Geschichte in Osteuropa gibt uns hier ein anschauliches Beispiel. Man kann die Bibel bekämpfen, aber nicht erledigen. Wie oft ist die Bibel totgesagt worden! Das Wort wird verbrannt und doch wieder aufgezeichnet. Gott hat dafür gesorgt, dass es 2500 Jahre bis in unsere Zeit aufbewahrt geblieben ist. Das Wort Gottes atmet Ewigkeit. Die Ewigkeit des Wortes offenbart sich gerade dort, wo der Tod regiert, wo die Macht von Leid, Trauer und Krankheit uns erdrücken will. Wie viele menschliche Worte, wie viele Bücher, wie viele Informationen sind der Vergänglichkeit unterworfen! Heute bedeutsam und morgen vergessen und abgetan. Das Wort unseres Gottes verschafft sich immer wieder Gehör.

Zum Nachdenken: Es mag Zeiten geben, in denen uns das Wort gering und ohnmächtig erscheint, aber es steht immer wieder auf und erweist seine Kraft. Als 17-Jähriger wurde ich Soldat im Zweiten Weltkrieg. In der Kaserne bekannte ich meinen Glauben und las die Bibel, ich erntete Spott und Hohn bei einigen Kameraden, man rümpfte die Nase über dieses Buch. Ein Jahr später im Gefangenenlager war meine Bibel mit einem Mal ein begehrtes Buch. Ich musste sie stundenweise Tag und Nacht ausleihen. In einer Zeit, in der „alles in Scherben gefallen war“, gewann dieses verachtete Buch wieder an Bedeutung. Wie wahr ist doch das Jesuswort: „Himmel und Erde werden vergehen, aber meine Wort vergehen nicht.“ „Sein Wort und Wille hat ewigen Grund.“

Der Prophet in der Anfechtung

45. Tag

Die Konfessionen des Jeremia

Mit dem Wort „Konfessionen“ bezeichnet man Stücke aus dem Jeremiabuch, die dem Klagelied ähnlich sind. Sie zeugen von einem intensiven leidenschaftlichen Dialog zwischen Gott und Jeremia. Jeremia klagt und spricht als Angefochtener. Er ringt mit seinem Gott um die Zukunft des Volkes. Wird der Weg Gottes mit Israel in einem Abgrund enden? Steht Gott überhaupt noch zu seiner Verheißung? Oder steht die Erfahrung nicht gegen die Verheißung? Die Erfolglosigkeit war so groß, dass er über seinem Amt ins dunkle Fragen geriet. Die Anfechtungen rüttelten an den Grundfesten seines Glaubens und Dienstes.

Solche Klagelieder sind auch aus anderen Bibelstellen des AT bekannt (vgl. etwa Hiob, verschiedene Psalmen wie Ps.13; 59; 73; 77). Auch die Geschichte Abrahams und Moses kennt solche Anfechtungen. Jeremia steht mit seinen Klagen nicht allein da, aber die Anfechtung Jeremias zeichnet sich durch besondere Breite und Tiefe aus.

Zum Nachdenken: Die Anfechtung gehört zum Botenamt. Luther sagt: „Anfechtungen machen einen guten Theologen.“ Er weist auf die beiden Pole hin, zwischen denen unser Leben hin- und herpendelt: Praesumptio (Vermessenheit, Sicherheit) und desparatio (Verzweifung). Die Anfechtung bewahrt vor Sicherheit. „Nur in der Tiefe wird alles neu.“ (H. J. Kraus)

46. Tag

Misserfolg

Jeremia 15,10a
„Weh mir, meine Mutter, dass du mich geboren hast, gegen den jedermann hadert und streitet im ganzen Lande!“

Jeremia sieht die Katastrophe über Israel kommen. Er hat sich den Hals heiser geschrieen, um das Volk zu Jahwe zurückzurufen, aber vergeblich. Sie lassen sich nicht aus ihrer Blindheit herausholen. Verhärtung und Verschlossenheit ist die Reaktion Israels auf die Botschaft des Propheten.

Vergebliches Mühen im Reich Gottes kann in tiefe Anfechtung führen. Der Schwund an geistlicher Substanz, die unveränderte kleine Besucherzahl, die erschütternde Fraglosigkeit und Gleichgültigkeit der Menschen, all das zehrt am Leben der Gottesboten und all derer, die um den Auftrag Gottes für diese Welt wissen. Ein Pfarrer berichtet über seinen Dienst in der Gemeinde. „Ich habe alles versucht, sie haben eine Elefantenhaut!“ Ein anderer weint über einen jungen Menschen, der die Verbindung mit Jesus aufgegeben hat.

Jesus selbst hat uns im Gleichnis vom vierfachen Ackerfeld deutlich gemacht, worauf sich ein Bote des Evangeliums eingelassen hat. Drei Viertel der Saat geht verloren. Julius Schniewindt formuliert bei der Auslegung des Gleichnisses: „Der normale Erfolg des Wortes Gottes ist der Misserfolg.“ Das ist eine Anfechtung, die den Boten Gottes oft begleitet. Ist nicht alles vergeblich? Jesus selbst musste die bittere Erfahrung machen: „Da verließen ihn alle Jünger und flohen.“ Judas verrät ihn, Petrus verleugnet ihn. Gott geht den Weg der Niedrigkeit und des Kreuzes.

Zum Nachdenken: Für den Boten Gottes ist es wie ein Sterben, wenn die erwartete Frucht ausbleibt. Wo haben wir das beobachtet oder selbst erlebt? J. Jeremias zum Gleichnis vom 4-fachen Ackerfeld: Gott kommt trotz Misserfolg zum Ziel! Er überschreibt das Gleichnis so: Vom unverzagten Sämann.

47. Tag

Feindschaft und Hass

Jeremia 38,4-5
Jeremia muss die Feindschaft gegen den Zeugen Gottes erleben. Alles ist gegen ihn, die Priester, die nationalen Heilspropheten (26,7 ff.; 28,1 ff.), die Könige und Fürsten (26-36), die eigenen Verwandten (11,18 ff.). Jeremia wird einsam, er steht fast allein da. Er wird als Volksverräter verdächtigt, der nur das Unheil des Volkes sucht (38,4 ff.). Selbst nach der Eroberung Jerusalems durch die Babylonier wird Jeremia weiter verdächtigt und als Bote Gottes abgelehnt (43,2 ff.). Eine Verleumdungskampagne übt massiven Druck auf ihn aus. Hinter dieser Feindschaft zeigt sich der Widerspruch gegen den lebendigen Gott. Jesus hat in Johannes 15,18 ff. seine Jünger nicht im Unklaren darüber gelassen, dass sie den gleichen Hass erfahren wie er selbst. Paulus bekommt auf seinen Missionsreisen die ganze Deckungslosigkeit der Botschafter zu spüren (Apg. 18+19), er unterstreicht später im Epheserbrief: Wir haben nicht mit Fleisch und Blut zu kämpfen, sondern mit irrationalen Kräften und Mächten.

Jeremia 20,1 ff. und Jeremia 38 berichten von Gefangenschaft des Propheten, von Misshandlung und von der festen Absicht der führenden Leute in Jerusalem, Jeremia beiseite zu schaffen. Jeremia droht in einer Schlammgrube zu versinken und zu verhungern. In solchen Erfahrungen sind die Kraftreserven bald erschöpft. Die permanenten Auseinandersetzungen zehren am Leib. Gerade in der Schwachheit des Leibes kann die Anfechtung zur Depression werden.

Resignation und Ermüdung stellen sich ein. Elia, der der Bosheit der Königin hilflos ausgesetzt ist, will aufgeben und sterben. Paulus spricht vom Pfahl im Fleisch, einer besonderen Tunnelerfahrung seines Lebens. Körperliche Erschöpfung ist immer auch ein Anknüpfungspunkt für den Feind, den Satanas.

Zum Nachdenken: An welche Grenzsituationen in meinem Leben werde ich erinnert? Welche Grenzsituationen aus dem Leben großer geistlicher Persönlichkeiten fallen mir ein?

48. Tag

Leiden an der Verborgenheit Gottes

Jeremia 15,18

Die Enttäuschung und Verzweiflung des Propheten drückt sich am stärksten in der Klage aus: *„Warum währt doch mein Leiden so lange und sind meine Wunden so schlimm, dass sie niemand heilen kann? Du bist mir geworden wie ein trügerischer Born, der nicht mehr quellen will"* (Jer. 15,18).

Die Anfechtung kann man auf die Frage konzentrieren: Steht Gott noch zu seiner Verheißung? Hält er noch am Bund mit seinem Volk fest? Warum darf das Treiben der Gottlosen gelingen? Warum greift Gott nicht ein? Warum bleibt das doch angekündigte Gericht aus (12,2)? Ein ganzes Labyrinth von Fragen tut sich auf. Erhört Gott überhaupt unsere Gebete?

Was hilft in der Anfechtung? Es ist ungeheuer tröstlich, dass uns die Gottesboten in der Schrift nicht als Helden vorgestellt werden, die uns in unserem Glauben haushoch überlegen sind. Sie werden uns vielmehr als Menschen mit Fleisch und Blut gezeigt. Die Bibel beschreibt uns nicht nur die Siege der Boten Gottes, sondern auch ihre Leiden und Tiefen. Gerade in dieser Menschlichkeit kommt uns die Schrift ganz nahe. Und bezeugt uns die Bibel nicht auch Jesus in seiner ganzen Menschlichkeit (Hebr. 5,7) Leiden, starkes Geschrei und Tränen. Darin wird Jesus solidarisch mit uns. Jeder darf mitten in Angst und Verzweiflung wissen: Es gibt keine Tiefe, die Jesus nicht durchlebt hätte. Darum kann er Menschen in ihrem Leiden und in ihren bohrenden Fragen verstehen. Von Bismark wird folgende Geschichte erzählt: Man führte ihn eines Tages in ein Zimmer, in dem er sein Porträt an der

Wand entdeckte. Neben seinem Porträt hing das Bild vom sinkenden Petrus. Bismark betrachtete beide Bilder. Er selbst war dargestellt wie eine alte deutsche Eiche mit kraftvollen Gesichtszügen und einer unverkennbaren Überlegenheit. Schließlich zeigte er auf sein Porträt und sagte: „Das bin ich nicht.“ Dann wies er auf das Bild vom sinkenden Petrus mit den Worten: „Das bin ich.“

Zum Nachdenken: In Anfechtungen und Leiden gilt es das Bild Jesu anzuschauen. Die Bibel zeigt uns Jesus nicht nur als den Gottessohn, dem alle Macht gegeben ist, sondern auch als den Menschen, der mit uns leidet und mit uns weint (Hebr. 5, 7).

49. Tag

Man darf mit Gott reden

In persönlicher Zwiesprache trägt Jeremia Gott seine bedrängenden Fragen vor: „Herr, du weißt es“ und „Ich habe dir meine Sache befohlen“. Sein Gebet steigert sich zum Klagegebet, zu einem einzigen Schrei. *„Ich habe mich nicht zu den Fröhlichen gesellt noch mich mit ihnen gefreut, sondern saß einsam, gebeugt von deiner Hand; denn du hattest mich erfüllt mit Grimm. Warum währt doch mein Leiden so lange und sind meine Wunden so schlimm, dass sie niemand heilen kann? Du bist mir geworden wie ein trügerischer Born, der nicht mehr quellen will“* (15,17-18).

Die Klage steigert sich weiter und erreicht ihren Höhepunkt in der Verfluchung seines Geburtstages, eine Klage voller Schwermut und Leidenschaft. *„Verflucht sei der Tag, an dem ich geboren bin; der Tag soll ungesegnet sein, an dem mich meine Mutter geboren hat! Verflucht sei, der meinem Vater gute Botschaft brachte und sprach: Du hast einen Sohn, so dass er ihn fröhlich machte!“* (Jer. 20,14-15).

Jeremia sieht keinen Sinn mehr in seinem Leben. Es ist wie ein Aufstöhnen, wie das Sich-Aufbäumen eines Kranken, der die

Schmerzen nicht mehr ertragen kann. Jeremia schüttet sein Herz vor Gott aus. „Was du keinem darfst erzählen, das darfst du Gott gar kühnlich sagen" (Paul Gerhard). Er schreit seine Verzweiflung heraus. Jeremia steht in der Reihe der angefochtenen Gotteszeugen (Psalmen, Abraham, Elia, David).

Die Bibel lässt keinen Zweifel darüber, dass wir vor Gott klagen dürfen. „Wer klagt, gibt sein Leid heraus." Aus der verdrängten Klage entsteht viel Bitterkeit und Anklage gegen Gott und die Menschen. In diesem Zusammenhang muss auch die Bitte um Gottes Rache gesehen werden, die Jeremia in seinen Konfessionen immer wieder vorbringt (11,20; 15,15; 20,12). Es geht dabei aber nicht um Befriedigung der persönlichen Rachegelüste des Propheten. Die Sache und die Ehre Gottes stehen hier auf dem Spiel. Jeremia ringt um die Durchsetzung der Herrschaft Gottes. Schließlich übergibt er alles an den Gott, der da recht richtet. Gott allein ist der Anwalt des Rechts. Freilich begegnet uns hier ein Gebet aus dem alten Bund. Seitdem Jesus am Kreuz für seine Feinde gebetet hat, können wir über allem Unrecht und über aller frivolen Gottlosigkeit nur beten: *„Vater, vergib ihnen, denn sie wissen nicht, was sie tun."*

Zum Nachdenken: Im Leben des Christen soll das Bild Jesu bestimmend sein: *„Er schalt nicht wieder, da er gescholten ward, er drohte nicht, da er litt, er stellte es aber dem anheim, der da recht richtet"* (1. Petr. 2, 23).

50. Tag

Es geht nicht ohne Leiden und Kampf

In Jeremia 12,5 heißt es: *„Wenn du mit Fußgängern läufst und schon ermüdest, wie willst du mit Rossen um die Wette laufen? Und wenn du dich im friedlichen Lande nicht sicher fühlst, wie willst du es machen im Dickicht des Jordan?"* In einem Bildwort wird Jeremia verdeutlicht: Wenn du in dieser Anfechtung schon weich wirst, wie willst du die noch größeren Glaubensproben bestehen?! Du musst noch tiefer hindurch, du musst noch größere Lasten tragen. Gott antwortet auf die Klagerufe des Propheten, aber eben völlig anders als erwartet. Gott holt ihn aus der Selbstbemitleidung heraus. Kampf und Leiden wird dem Propheten nicht erspart. Jesus sagt seinen Jüngern: *„Ich sende euch wie Schafe mitten unter die Wölfe."* Luther unterstreicht, dass die Anfechtung dem Glauben zugeordnet ist.

Auch Paulus weiß, die starke Begrenzung seines Dienstes, „der Pfahl im Fleisch" ist von Gott gegeben. Er ordnet Dinge in unser Leben hinein, die uns nicht passen. Bei Paulus war es die Krankheit, bei Elia die Isebel, jene Königin, die ihm das Leben schwer machte. Gott will, dass wir es lernen, von unseren Erfolgen und Erfahrungen wegzusehen und allein an ihm zu hängen. Gott selber formt und erzieht uns in seiner Schule.

Die Anfechtung ist für den Glauben notwendig, sonst erstarren wir in der Sicherheit. Luther geht sogar so weit, dass er die Anfechtungen als Umarmungen Gottes kennzeichnet. Gott baut sein Reich nicht in erster Linie durch Machtzeichen, sondern durch Leiden. Die Botschaft des Evangeliums wird auch durch Leiden in diese Welt hinein übersetzt. Nicht, dass das Leiden verherrlicht werden soll! Aber das Geheimnis des Reiches Gottes besteht gerade darin, dass Gott in der Schwachheit und Hilflosigkeit seine Kraft erweist.

Zum Nachdenken: Christoph Blumhardt sagt: „Der Heiland braucht keine starken Menschen ..., er braucht zerschlagene Leute, die sich fürchten, dass sie möchten seinem Befehl ungehorsam werden, die Zitternden, Zagenden, vor dem Wort der Wahrheit erschreckenden." Und Tersteegen singt: „Es geht durchs Sterben nur."

51. Tag

Dein Wort ist meines Herzens Freude und Trost

Jeremia 15,16
Mitten in der Anfechtung wurde das Wort Gottes für Jeremia zum Lebenselement. *„Dein Wort ward meine Speise, sooft ich's empfing, und dein Wort ist meines Herzens Freude und Trost; denn ich bin ja nach deinem Namen genannt, Herr, Gott Zebaoth."*

Das Wort Jahwes hat sich in der Anfechtung bewährt. Es ist wie das Seil, an dem sich der Bergsteiger festhält. Dieses Wort Gottes ist nicht nur Mitteilung, sondern ein schöpferisches, energiegeladenes Wort, wie wir schon in der Berufungsgeschichte erkannten (Jer. 1,2). In diesem Wort Gottes bekommt der Glaube des Jeremia wieder Grund unter die Füße. Inmitten der bohrenden Fragen und leidenschaftlichen Klagen leuchtet dieses Erfahrungszeugnis des Jeremia auf. Es ist auch das Bekenntnis der Psalmen und die Erfahrung des Paulus in Apostelgeschichte18,9-10. Das Wort Gottes richtet wieder auf und stellt erneut in den Dienst. Wie mancher Mitarbeiter im Reich Gottes weiß davon zu sagen: Das Wort Gottes tröstet und schafft Ermutigung in den Turbulenzen der Zeit. Luther: „Anfechtung ist der rechte Prüfstein. Die lehret dich nicht allein Wissen und Verstehn, sondern auch erfahren, wie recht, wie wahrhaftig, wie süß, wie lieblich, wie mächtig, wie tröstlich Gottes Wort sei, Weisheit über alle Weisheit, denn allein die Anfechtung lehrt aufs Wort merken."

Zum Nachdenken: „Von deinen Worten können wir leben, durch deine Worte weitersehen, mit deinen Worten können wir sterben und auf dein Wort hin auferstehn." (Manfred Siebald)

52. Tag

Dein Wort brennt wie Feuer

Jeremia 20,7-11

„Herr, du hast mich überredet, und ich habe mich überreden lassen. Du bist mir zu stark gewesen und hast gewonnen; aber ich bin darüber zum Spott geworden täglich, und jedermann verlacht mich. Denn sooft ich rede, muss ich schreien; ‚Frevel und Gewalt!' muss ich rufen. Denn des Herrn Wort ist mir zu Hohn und Spott geworden täglich. Da dachte ich: Ich will nicht mehr an ihn denken und nicht mehr in seinem Namen predigen. Aber es ward in meinem Herzen wie ein brennendes Feuer, in meinen Gebeinen verschlossen, dass ich's nicht ertragen konnte; ich wäre schier vergangen" (Jer. 20,7-9).

Jeremia gibt uns einen Einblick in sein inneres Ringen, diese Konfession enthüllt die schweren Kämpfe seiner Seele. Jeremia will das Wort Gottes vergessen und dieses Wort nicht mehr predigen, er ist amtsmüde. Man richtet ja doch nichts aus. So beschließt er, die Stunde der Berufung, als er vom Wort des Herrn gepackt wurde, einfach zu vergessen (Jer. 20,9).

Aber er kann sich nicht frei machen von dem an ihn ergangenen Auftrag. Das Wort brennt wie Feuer in seinem Herzen. Er kann das Wort nicht ungeschehen machen. Er muss sich dem Auftrag Gottes wieder stellen, er muss weiter predigen. So hat Gott seinen Knecht vor dem Sturz bewahrt, dass er in der Anfechtung nicht zu Fall kommt. Die brennende Glut in seinem Herzen trieb ihn weiter.

Seiner seelischen Verfassung nach möchte er alles aufgeben, aber da dringt der lebendige Gott immer wieder mit seinem Wort in das Leben Jeremias. In 20,7 gebraucht Jeremia einen starken Ausdruck, um das Handeln Gottes in seinem Leben zu umschreiben: *„Gott, du hast mich vergewaltigt, verführt, du bist mir zu stark geworden."*

Er konnte der Berufung nicht ausweichen und sich der Autorität des Gotteswortes nicht entziehen. „Hier geht es nicht mehr um freie

Entschlüsse, sondern um prophetische Beauftragung." Hier begegnet uns das Geheimnis der Vollmacht. Gott hat in diesem schweren Ringen den Sieg errungen. Er hat den Widerstand des Jeremia zerbrochen. Alle Einwände und Entschuldigungen dürfen nun nicht mehr gelten. Aus der Stunde der Anfechtung heraus kapituliert Jeremia und überlässt sein Leben bedingungslos dem Herrn. Paulus bezeugt uns in 1. Korinther 9,16 die Auftragsgewissheit: „*Weh mir, wenn ich nicht verkündige, ich muss es tun.*" Diese Gewissheit des Auftrags erwächst aus der überwundenen Anfechtung.

Zum Nachdenken: Die Geschichte der Gemeinde Jesu Christi weiß immer wieder von solchen Zeugen zu sagen, denen Gott zu stark geworden ist. Und gerade dort, wo die Resignation in einem Zeugen drohte überhand zu nehmen, hat das Wort des Herrn sich durchgesetzt. „Ich kann nicht anders als deinem Ruf zu gehorchen. In mir ist viel Unsicherheit, aber dein Wort lässt mich nicht los."

53. Tag

In Anfechtung und doch gewiss

Jeremia 20,11ff.
„Aber der Herr ist bei mir wie ein starker Held, darum werden meine Verfolger fallen und nicht gewinnen. Sie müssen ganz zuschanden werden, weil es ihnen nicht gelingt. Ewig wird ihre Schande sein und nie vergessen werden" (Jer. 20,11-12).

In 20,11 ff. beobachten wir einen Stimmungsumschwung bei Jeremia. Das Wort Jahwes hat in Jeremia Zuversicht geweckt (siehe auch Jer. 15,19-21). Wie ist diese Wende von der Klage zur Gewissheit zu erklären? Sollte irgendein Ereignis eingetreten sein, das Jeremia eine neue Sicht geschenkt hat? Ich möchte eher annehmen, dass der Stimmungsumschwung wie in den Klagepsalmen zu beurteilen ist. Aufgrund der von Gott empfangenen Verheißung dankt der Prophet schon im Voraus (Ps. 13,5+6). Auch David dankt, obgleich er sichtbar noch nichts vorweisen kann. Gott hat das Herz des Beters im Gespräch mit Jeremia verwandelt. In der Gewissheit, dass Gott auf seiner Seite steht, kann er bereits Gott loben und preisen als den, der sich des Armen und unschuldig Verfolgten annimmt.

Jeremia bricht zum Loben und Danken durch. Auch bei Jesus finden wir die gleiche Linie: An einem Tiefpunkt seiner Wirksamkeit, als sein ganzes Wirken vergeblich zu sein schien, dankt und preist er seinen Vater (Matth. 11,20-30). Jesus dankt Gott trotz des Misserfolgs, weil ihm gewiss geworden ist: Gottes Plan kommt zur Durchführung. In Apostelgeschichte 16,25 können wir einen ähnlichen Vorgang erkennen. Paulus und Silas loben Gott im Gefängnis, obgleich sie einer unsicheren Zukunft entgegensehen. Nicht die Situation veränderte sich sofort, aber die Gewissheit festigte sich: Unser Leben wird von einer starken, sorgenden Hand regiert. Auch in der Offenbarung wird der Sieg Jesu schon vorweggenommen, obgleich das dämonische Gefälle der Zeit und die Macht des Antichristus nicht hinwegzuleugnen sind (Offb. 4). Loben und Anbeten heißt den Sieg Gottes vorwegnehmen. So wird Loben und Anbeten zur stärksten Waffe gegen Resignation, Depression und Traurigkeit, zur Waffe gegen den Feind, der uns von Gott trennen will. Es mag sein, dass viele Fragen auf dieser Erde für uns unbeantwortet bleiben, aber der Sieg des Herrn steht fest, und darum gilt es, unter allen Umständen den Herrn zu loben. An den von Schwermut geplagten Bruder von Hieronymus Weller schreibt Luther: „Darum, wenn ihr traurig seid, und es will überhand nehmen, so sprecht: ‚Auf, ich muss unserem Herrn Christo ein Lied schlagen auf dem Regal (kleine Orgel). Denn die Schrift lehret mich, er höre gern fröhlichen Gesang und Saitenspiel.‘ Und greift frisch in die Tasten und singet drein, bis die Gedanken vergehen ...“

Die Welt und das Leben in ihr stellt ein ungeheures Rätsel dar, im Grunde kann es kein Mensch meistern. Die Herrschaft Jesu, sein rettender Liebeswille, ist die Lösung dieses Rätsels. Wir brauchen uns nicht an ihm wund zu scheuern, zu zermartern, vielleicht sogar am Leben zu verzagen und zu verzweifeln, wo es uns in seiner ganzen Rätselhaftigkeit bedrückt. Wir dürfen das Geheimnis stehen lassen und anbetend vor dem still werden, den die Bibel das A und das O nennt, der alles umfasst und zum Ziele führt, der allem Augenschein zum Trotz der Herr ist ... Unsere Anbetung gilt dem verborgenen Sieger.

Zum Nachdenken: Es geht nicht nur darum, den Herrn über den erfüllten Wünschen unseres Lebens zu loben, sondern ihn unter allen Umständen zu ehren, weil er der Herr ist und auch über den rätselhaften Wegen unsres Lebens der Herr bleibt. „Wir loben, preis anbeten dich, für deine Ehr wir danken, dass du, Gott, Vater ewiglich, regierst ohn alles Wanken." (Nikolaus Decius)

54. Tag

Miteinander geht's besser

Jeremia 38,7ff., Jeremia 39,15ff., Jeremia 26,24

„Als aber Ebed-Melech, der Mohr, ein Kämmerer in des Königs Haus, hörte, dass man Jeremia in die Zisterne geworfen hatte, und der König gerade im Benjamintor saß, da ging Ebed-Melech aus des Königs Haus und redete mit dem König und sprach: Mein Herr und König, diese Männer handeln übel an dem Propheten Jeremia, dass sie ihn in die Zisterne geworfen haben; dort muss er vor Hunger sterben; denn es ist kein Brot in der Stadt" (Jer. 38,7-9).

„Einsam saß ich, von deiner Hand gepackt" (15,17). So bricht es aus Jeremia heraus. Sind keine Brüder und Freunde in Sicht? Nun, richtig ist, dass die Anfechtung vom Gottesboten allein durchlebt werden muss. Und doch ordnet Gott Menschen in unser Leben hinein, die uns in der Anfechtung Stütze und brüderliche Gemeinschaft gewähren. Jeremia erfährt Zuwendung durch seinen Schüler Baruch, der viele seiner Reden aufgezeichnet hat (36,1 ff.). In 45,1 ff. ist ein Trostspruch Jeremias an Baruch wiedergegeben. Ebed-Melech erweist sich als Engel des gefangenen Jeremia (38,1 ff.und 38,7 ff.) und setzt sich für ihn beim König ein, wahrlich ein mutiges Unterfangen! In Jeremia 39, angesichts der Katastrophe, die über Jerusalem dahingeht, wird ihm von Jeremia eine wunderbare Verheißung zuteil (39,15 ff.). Schließlich wäre Ahikam als Mitstreiter Jeremias zu nennen (26,24). Ahikam sorgt für Jeremia und versteckt ihn, als sein Leben im Anschluss an die Tempelrede ernstlich bedroht ist. Wie wesentlich ist doch das Wissen um Brüder und Schwestern in der Anfechtung, die mitbeten und mittragen. Neutestamentlich ausgedrückt, wird hier schon die Bedeutung der Gemeinde Jesu sichtbar.

Zum Nachdenken: „Neben Jesus ist die Gemeinde Jesu das größte Geschenk auf Erden." (E. Schnepel) Wir brauchen jedoch immer wieder den Blick für solche, die in der Anfechtung mit uns leiden und für uns beten.

Das letzte Wirken Jeremias

55. Tag

Irret euch nicht, Gott lässt sich nicht spotten

Jeremia 39,1-8
„Und Jeremia blieb im Wachthof bis auf den Tag, da Jerusalem eingenommen wurde." „Und die Chaldäer verbrannten das Haus des Königs und die Häuser der Bürger und rissen die Mauern Jerusalems nieder" (Jer. 38,28+39,8).

Lange hatte Jeremia die Weisung Gottes an das Volk weitergegeben: Ergebt euch in die Hände Nebukadnezars. Es führt kein Weg an der bedingungslosen Kapitulation vorbei. Dem König Zedekia und den führenden Männern in Jerusalem war dieser Gedanke unerträglich, ja geradezu gotteslästerlich. Wie kann Gott, der doch Israel als sein Volk erwählt hat, nun dieses Volk in die Hände eines heidnischen Herrschers ausliefern!? Darum meinten sie, Jeremia sei ein Volksverräter, ein Lügner, der niemals den Willen Gottes repräsentiert. Ist nicht der Tempel das untrügliche Zeichen dafür, dass Gott zu uns steht? So werfen sie Jeremia in die Zisterne, um sich seiner zu entledigen. Er versinkt im Schlamm (Jer. 38).

Aber die Katastrophe um Jerusalem ist nicht mehr aufzuhalten. Im Jahre 587 bricht der babylonische Herrscher Nebukadnezar mit seinen Soldaten in Jerusalem ein. Die Stadt Gottes wird zerstört, verwüstet und geplündert. Die Söhne des Königs werden hingerichtet, ebenso eine große Zahl der führenden Männer. Zedekia wird auf der Flucht gefasst, Nebukadnezar lässt ihn blenden und in Ketten legen.

Die Vorrausagen des Jeremia haben sich in einer schrecklichen Weise erfüllt. Gott hält Gericht und behält damit das letzte Wort. Das liebende Werben um sein Volk ist an eine Grenze gekommen. Aber zerbricht da nicht unsere menschliche Logik, wenn Gott sich gegen sein erwähltes Volk stellt? Wie passt das zusammen, Gericht und Liebe? Ist das noch der Gott der Bibel, der hier handelt? Seit den Tagen der Aufklärung (vor ca. 250 Jahren) hat man versucht, den Gott, der Gericht hält, dem finsteren Mittelalter zuzuweisen. Gott muss doch der Gott der Liebe sein, der großzügige Grandseigneur, der über das Versagen der Menschen hinwegsehen kann. Aber Gott ist nicht der alte Mann, der die Welt laufen lässt. Gott verschleudert seine Liebe nicht, er nimmt sie ernst, er lässt sich das Heft nicht aus der Hand nehmen. Gerade sein Interesse an seinem Volk führt zum leidenschaftlichen Widerstand gegen ein Volk, das den Willen Gottes auf den Kopf stellt. Neben der Liebe Gottes steht seine Gerechtigkeit, nur so wird Liebe Gottes glaubhaft. Die Bibel spricht vom Jüngsten Gericht, das Gott am Ende der Tage halten wird. Daneben weiß die Bibel auch um Zeichen des Gerichtes Gottes, die schon auf dieser Erde durchlebt werden.

Dem großen Napoleon sagte eine Dame vor dem Russlandfeldzug: „Der Mensch denkt und Gott lenkt." Darauf antwortete Napoleon: „Madame, ich denke nicht nur, ich lenke auch." Als Napoleon dann sich im russischen Winter verrechnet hatte, sagte man über sein scheinbar unbesiegbares Heer: „Mit Mann und Ross und Wagen hat sie der Herr geschlagen." Nun werden wir nicht einfach mit Schiller behaupten können: Die Weltgeschichte ist das Weltgericht, denn viel Bosheit und Unrecht bleiben auf dieser Erde ungesühnt. Und doch erfahren wir immer wieder unübersehbare Zeichen des Gerichtes, in denen Gott sich zu Wort meldet. Im Jahre 1950 konnte man in unseren Großstädten stundenlang durch Trümmer gehen. Wie hatten wir doch einige Jahre zuvor in einem von oben verordneten Hochmut gesungen: „Wir werden weiter marschieren, wenn alles in Scherben fällt, denn heute gehört uns Deutschland und morgen die *ganze* Welt." Der Glaube an Gott sollte durch den Glauben an den „Führer" ersetzt werden. Und nun lag alles in Scherben. Man müsste blind sein, wollte man Gottes Reden hier bestreiten!

Freilich bleiben für uns viele Fragen ungeklärt. Vieles ist unserem menschlichen Durchblick verborgen.

Wie töricht ist doch das Verhalten des Königs Zedekia! Durch Flucht versucht er sich der Verantwortung zu entziehen, wird aber von den Soldaten Nebukadnezars gefasst, die Katastrophe bricht über ihn und seine Familie herein. Flucht ist kein Ausweg und endet in einer Sackgasse. Es gibt kein Entrinnen vor dem Gericht Gottes. Zedekia ist eine hin- und herschwankende Persönlichkeit. Einmal fürchtet er Nebukadnezar, ein anderes Mal treibt ihn die Angst vor den Judäern, die zu den Babyloniern übergelaufen sind (Jer. 34-37-38), und wiederum fürchtet er die Berater, Minister und Propheten des Königs. Und so wird er einfach von den Ereignissen überrollt. Ist nicht auch der Tod Gerichtszeichen Gottes über dem Menschen?! (Ps. 90,7 – Röm. 6,23) Es gibt kein Versteckspielen vor Gott. Auch im Tod entweicht der Mensch nicht der Wirklichkeit Gottes.

Zum Nachdenken: Martin Luther hat angesichts des Todes in einem Lied die Frage gestellt: „Wo sollen wir denn fliehen hin, da wir mögen bleiben?" Er antwortet: „Zu dir, Herr Christ, alleine, vergossen ist dein teures Blut, das gnug für unsre Sünde tut." Sinnvoll ist darum nur die Flucht zu ihm, dem, der das ganze Gericht Gottes getragen hat, Jesus Christus. Er tritt für mich ein, das ist unsere ganze Hoffnung. „Dass mein Bürge für mich spricht, das ist meine Zuversicht."

56. Tag

Rettung im Gericht

Jeremia 39,10-18
„Aber Nebukadnezar, der König von Babel, hatte Nebusaradan, dem Obersten der Leibwache, Befehl gegeben wegen Jeremia und gesagt: Nimm ihn und lass ihn dir befohlen sein und tu ihm kein Leid, sondern wie er's von dir begehrt, so mach's mit ihm" (Jer. 39,11-12).

Mit der Eroberung Jerusalems durch die Babylonier kommt für Jeremia die Befreiung. Der König Nebukadnezar erlässt die Weisung an einen seiner Offiziere, Nebusaradan, für Jeremia zu sorgen und darauf zu achten, dass ihm nichts Übles widerfährt. So bewahrheitet sich hier auch die Verheißung Gottes an Jeremia: *„Ich bin bei dir, dass ich dir helfe und dich errette."* Nebukadnezar wird von Gott als Werkzeug gebraucht zugunsten Jeremias. Durch diese Geste der Freundlichkeit Gottes erfährt Jeremia: Auch wenn ich dem Gericht, das über Israel dahingeht, nicht entnommen bin, so weiß ich mich doch in Gottes Hand geborgen. Ich bin kein Spielball der Mächte. Der Herr ist treu, er kann seinen Leuten in jeder Situation so zur Seite stehen, dass sie durchgetragen werden. Auch wenn Leidenswege uns nicht erspart bleiben, die Gewissheit, Gott hält die Wacht über mein Leben, bringt uns eine große Gelassenheit.

Auch Ebed-Melech, der Ausländer, der für den gefangenen Jeremia beim König Zedekia eingetreten war, erfährt die Treue Gottes (38,7 ff.). Mitten im Chaos der Stadt erhält er durch Jeremia die Zusage Gottes: *„Ich will dich erretten, du wirst nicht an Menschen oder Mächte ausgeliefert* (39,17 ff.) *Du wirst dein Leben wie eine Beute davontragen, weil du mir vertraut hast."* Ebed-Melech hat den Worten des Herrn mehr vertraut als den trügerischen Worte, der Verantwortungsträger. In schwieriger Stunde bekannte er sich öffentlich zum Boten Gottes, und das als Ausländer. Das war ein riskantes Unterfangen und hätte das Todesurteil über ihn bedeuten können. Er wurde vom Erbarmen bewegt mit dem, der vom Tode bedroht war. Wir können davon ausgehen, dass Ebed-Melech den

Glauben Israels angenommen hat und der Botschaft Jeremias Recht gegeben hat. So ist sein Schicksal Beispiel für die Wahrheit des Bibelwortes: „*Wer an ihn glaubt, soll nicht zuschanden werden*" (Röm. 9,33). Die Heilige Schrift spricht auch an anderen Stellen von solchen Persönlichkeiten, die dem Herrn mehr vertraut haben als den allgemeinen Trends: Noah, Mose, Elia und viele andere. Sie haben Vertrauen zu Gott gewagt und sind nicht enttäuscht worden. Gott kennt die und behält die im Auge, die von ganzem Herzen an ihm hängen. Wie viel mehr gilt das für die Gemeinde des neuen Bundes. Jesus geht den Weg ans Kreuz, um uns aus unserer Schuldverflechtung zu retten. Paulus jubelt: „*So gibt es nun keine Verurteilung für die, die in Jesus Christus sind.*"

Zum Nachdenken: „Wer sich im Leben zu Jesus Christus gehalten hat, zu dem wird sich Jesus auch in Ewigkeit halten." (Bonhoeffer)

57. Tag

Der Prophet Jeremia als Priester

Jeremia 42-43

Die Kapitel 42+43 berichten uns eine Begebenheit aus der Zeit nach der Zerstörung Jerusalems im Jahre 587. Die Stadt liegt am Boden. Trümmer über Trümmer, selbst der Tempel, das Zeichen der Gegenwart Gottes, ist zerstört. Hunger und rücksichtslose Gewalt greifen um sich. Nebukadnezar, der babylonische Herrscher, hatte Gedalja, einen Israeliten, als Statthalter beauftragt. Gedalja ist der Sohn Ahikams, der seine schützende Hand über Jeremia in einer kritischen Situation nach der Tempelrede gehalten hatte (Jer. 26,24). Mit Umsicht und Tatkraft ist Gedalja bemüht, wieder geordnete Zustände im Lande herzustellen. Sehr bald aber bahnt sich ein schwerer Konflikt an. Ismael, aus dem Lande der Ammoniter, der aus dem Geschlecht Davids stammt, beansprucht für sich die Herrschaft über die übrig gebliebenen Israeliten. Kaltblütig und hinterlistig wird Gedalja von Ismael bei einem Gastmahl ermordet. Ja, selbst Wallfahrer, die nach Jerusalem unterwegs sind, lässt er töten (41). Ismael wird dann von den restlichen Heerführen geschlagen und flieht zu den Ammonitern zurück. Es ist eine trostlose Geschichte von Bosheit, Machtintrige und Brutalität. So etwas steht in der Bibel, um zu zeigen, wie abgründig verloren das menschliche Herz ist. So sieht es in der von Gott abgefallenen Welt aus. Die Bibel beschreibt diese Welt illusionslos. Man kann verstehen, dass bei den übriggebliebenen Israeliten Wut und Empörung zurückbleibt.

Wie sollen die übrig gebliebenen Israeliten sich in dieser Situation verhalten? Müssen sie nicht die Rache des Nebukadnezar fürchten? Wird er nicht gewaltsam Ordnung schaffen? Die israelischen Heerführer meinen, es sei wohl jetzt am besten, sich mit allen Israelitern nach Ägypten abzusetzen. So könne man dem Elend am besten entfliehen. „Hoffnung gibt es nur bei den Schätzen Ägyptens." So brechen sie auf und machen in einer Herberge bei Bethlehem Halt. Aber hier überkommt sie eine große Unsicherheit: Sollen sie das Land ihrer Väter verlassen und dorthin ziehen, wo ihre Väter als Sklaven harte Frondienste leisten mussten? Ägypten ist für Israel das Land der Knechtschaft, aus der Jahwe sie befreit hatte. Wie sollen sie sich entscheiden?

Zum Nachdenken: Überall, wo Menschen vor solchen Entscheidungen stehen, brechen Ängste und banges Fragen auf: Welcher Weg ist der Richtige? Nach menschlichem Ermessen wäre die Flucht nach Ägypten die vernünftige Lösung gewesen. Aber ist menschliche Meinung immer auch von Gott gedeckt? Wir kennen solche Fragen aus dem persönlichen Bereich. Soll ich mich operieren lassen? Soll ich die angebotene Stelle antreten? Soll ich noch mehr politische Verantwortung übernehmen? Wird das Leben auf einem noch ungewissen Weg gelingen? Oder wird dieser Weg von uns neue Opfer fordern?

58. Tag

Priester gesucht

Jeremia 42,1-6

„Da traten herzu alle Hauptleute des Heeres, Jahanan, der Sohn Karechs, Jesanja, der Sohn Hoschajas, samt dem ganzen Volk, klein und groß, und sprachen zum Propheten Jeremia: Lass doch unsere Bitten vor dir gelten und bete für uns zum Herrn, deinem Gott, für alle diese Übriggebliebenen – denn leider sind wir von vielen nur wenige übrig geblieben, wie du mit eigenen Augen siehst –, dass der Herr, dein Gott, uns kundtun wolle, wohin wir ziehen und was wir tun sollen" (Jer. 42,1a.2a.3).

Die judäischen Heerführer besinnen sich, dass ja unter dem Volk sich ein Prophet befindet, der zwar früher scharfe Kritik an Israel geübt hat. Aber vielleicht kann er ja seinen Gott befragen. So suchen sie das Gespräch mit Jeremia, der nun eine späte Anerkennung erhält. Wegen seiner Gerichtspredigt war er nicht mehr gefragt. Nun ist das Gericht eingetroffen und die Botschaft Jeremias hat sich bestätigt. Mit einem Mal braucht man ihn wieder. So kann es den Boten Gottes in dieser Welt ergehen. Lange Zeit erfahren sie nur Widerspruch und werden völlig negiert. Das ist bittere Anfechtung. Auf einmal kommt Gottes Stunde für den Boten. Es kann sein, dass man jahrelang keinerlei Resonanz erfährt. Plötzlich ist da eine Situation eingetreten, in der ein Priester gesucht wird, einer, der Vertrauen ausstrahlt und sich als Brückenbauer zu Gott hin bewährt. Verunsicherung im Leben, aber auch in der Welt, kann die Chance für den Boten Gottes sein. Immer wieder werden Priester gesucht, die seelsorgerliche Antworten geben und fürbittend für andere eintreten können. Unsere Welt hat einen enormen Bedarf an Priestern und seelsorgerlichen Ratgebern. Das Alte Testament kennt eine Reihe solcher Priester, die fürbittend für das Volk eintreten (vgl. Abraham – 1. Mose 18; Mose – 2. Mose 17-32-34; Samuel – 1. Sam. 7+8). Das Neue Testament bezeugt uns Jesus als den großen Hohepriester, der für uns eintritt (Röm. 8,32 ff. – Hebräerbrief). Dieser Hohepriester stirbt den Opfertod und tut das, was den Betern des Alten Testaments nicht möglich war: Er selbst ist die Brücke zu Gott hin, durch ihn ist Versöhnung zwischen Gott und Mensch Wirklichkeit geworden. Die ersten Christen wussten sich aufgrund des Christusgeschehens zum Priesterdienst gerufen (1. Petr. 2,5 ff. – Offb. 1,6). Priester sind Menschen, die mit hoffen und mit warten, die für andere vertrauen und die Weisung Gottes in das Leben der Menschen übersetzen.

Zum Nachdenken: Vielleicht muss man manchmal lange warten, bis die Brückenbauerfunktion gefragt ist. Den Kairos, die Stunde Gottes, haben wir nicht im Griff. Wichtig ist nur: Die Welt um uns herum wartet auf Menschen, die Vertrauen ausstrahlen, sie wartet auf Brückenbauer.

59. Tag

Gottes Antwort in die konkrete Situation

Jeremia 42,7ff.
„Und nach zehn Tagen geschah des Herrn Wort zu Jeremia. Werdet ihr in diesem Lande bleiben, so will ich euch bauen und nicht einreißen; ich will euch pflanzen und nicht ausreißen; denn es hat mich gereut das Unheil, das ich euch angetan habe. Ihr sollt euch nicht fürchten vor dem König von Babel, vor dem ihr euch fürchtet, spricht der Herr“ (Jer. 42,7.10-11a).

Es fällt auf, dass Jeremia zehn Tage lang auf Antwort warten muss (Jer. 42,7). „Diese zehn Tage bilden ein schweres Rätsel für das Gebetsleben aller Zeiten.“ Warum schweigt Gott zehn Tage und lässt seinen Knecht auf die so dringende Antwort warten? Die Wartezeit bedeutet für Jeremia eine harte Geduldsprobe. Jedenfalls ist das Warten ein echtes Zeichen des wahren Propheten. Er kann nur reden, wenn Gott zu ihm geredet hat. Sonst hat er nichts zu sagen. Im Reich Gottes muss man warten können. Keiner verfügt über Gottes Antwort, da bleiben wir Bettler.

Die Antwort Gottes, von Jeremia weitergegeben, ist eindeutig. *„Bleibt ihr im Lande, so wird es euch wohl gehen, die Flucht nach Ägypten wird euch nur Hunger und Tod bringen. Darum sagt ja zu Gottes Weisung, beugt euch unter den Willen Gottes. Gott gebraucht Nebukadnezar als Werkzeug, darum sagt ja zu Gottes Plan, der euch ganz gewiss Heil und Leben bringen wird."*

Der Bote Gottes hat nicht bedürfnisorientiert zu reden, er muss in jedem Fall wortorientiert sein. Die israelitischen Heerführer meinen: Der Aufbruch nach Ägypten ist die einzige Rettung. Jeremia bleibt dabei: Hört auf Gottes Wort, auch wenn das im Augenblick politisch nicht opportun ist.

Zum Nachdenken: Wie schwer wird uns das, Gottes Weisung als gute Weisung einzusehen! Wie leicht urteilen wir in unsren Entscheidungen menschlich! *„Du meinst nicht, was göttlich ist, sondern was menschlich ist"*, so muss Jesus die Vorstellungen des Petrus korrigieren. Gottes Wegführung geht uns manchmal gegen den Strich. Wie lange hat Petrus gebraucht, um das zu lernen. *„Nicht wie ich, sondern wie du willst."* Aber wie wird das ausgehen, wenn wir Gottes Weg einschlagen? Was wird aus uns? Auch wenn Gottes Plan nicht verstanden wird, wir dürfen der Führung Gottes vertrauen und uns seiner Autorität überlassen. Alles andere wird sich klären. Die Weisung Gottes ist schon eine Zumutung für die Israeliten, aber das Volk empfängt zugleich eine Verheißung Gottes, von Jeremia weitergegeben. *„Ich bin mit euch, ich will euch Barmherzigkeit erweisen, ihr seid nicht unberechenbaren Kräften und Mächten ausgeliefert, ihr seid in meiner Hand."* So ist Gottes Antwort zugleich eine Einladung zum Vertrauen.

60. Tag

Widerspruch gegen Gottes Weisung

Jeremia 43,1-7
„Du lügst! Der Herr, unser Gott, hat dich nicht zu uns gesandt und gesagt: Ihr sollt nicht nach Ägypten ziehen, um dort zu wohnen" (Jer. 43,2b).

Kann man dem Wort des Herrn vertrauen? Wenn man seinen Verstand walten lässt, muss doch der Weg nach Ägypten führen. Im Lande bleiben, das wäre politisch unverantwortlich. Aber Ägypten ist weit weg, da sind wir sicher. Hier wird uns der Mensch gezeigt, wie er ist, auch der fromme Mensch. „Ich bin ja bereit zu hören, aber unsere Argumente sind doch viel schwerwiegender. Sollte Gott wirklich so etwas gesagt haben? Es spricht ja so vieles dagegen."

So verdächtigen die Israeliten Jeremia als Lügenpropheten, als Kolaborateur, als Handlanger und Agent der babylonischen Besatzer. Es darf nicht wahr sein, und darum kann es auch nicht wahr sein. Soll man denn unsere vernünftigen Argumente einfach beiseite legen und blindlings dem Wort Gottes trauen?

Vor dieser Entscheidung stehen wir immer wieder. Die Israeliten entscheiden sich gegen Gottes Weisung und für ihre, wie sie meinen, vernünftigen Argumente. Es ist nicht opportun, jetzt dem Wort Gottes zu gehorchen. Woher rührt nur dieser Widerspruch, diese unglaubliche Hartnäckigkeit? Diese Rebellion ist kennzeichnend für den Menschen von Anfang an, von den ersten Blättern der Bibel bis hin zu den Propheten. Immer wieder ist vom *Haus des Widerspruchs* die Rede. Paulus kann es so sagen: Die Menschen sind im Grunde Feinde Gottes. Luther schreibt:: „Der Mensch kann nicht wollen, dass Gott Gott ist."

So steht Jeremia hier mal wieder vor einem Scherbenhaufen. Offenbar ist niemand unter den Israeliten in Sicht, der die Botschaft Jeremias ernsthaft bedenkt. Wieder erfährt Jeremia keinerlei Zustimmung. Eigentlich sollten sie aus der Katastrophe gelernt haben.

Die Trümmer von Jerusalem und all das Elend haben sie aber nicht hörfähig auf Gottes Weisung gemacht. Im Gegenteil! Sie verhärten sich und verschanzen sich hinter ihren Meinungen und Deutungen. Der Sog, den Ägypten ausübt, ist stärker als das Wort des Herrn.

Zum Nachdenken: Wie erleben wir das heute? Oft wehren wir uns gegen Gottes Weisung, weil wir unserer Vernunft und unserer Erfahrung mehr vertrauen. Wie tief sitzt der Widerspruch gegen Gottes Wort in uns! Unversöhnlichkeit, Bitterkeit, Eigenmächtigkeit und Widerspruch gegen Gottes Wort blockiert den Segen Gottes.

61. Tag

Das Wort des Herrn gilt auch weiterhin

Jeremia 43,8 ff.
„Aber des Herrn Wort geschah zu Jeremia in Tachpanches. So spricht der Herr Zebaoth, der Gott Israels: Siehe, ich will hinsenden und meinen Knecht Nebukadnezar, den König von Babel, holen lassen und will seinen Thron oben auf diese Steine setzen" (Jer. 43,8.10).

Es sind gewiss nicht alle Restbewohner Jerusalems mit nach Ägypten aufgebrochen, in erster Linie wohl das militärische Gefolge der judäischen Heerführer, Befreite aus Mizpa und aus dem Ausland zurückgekehrte Judäer. Gerade die Führernaturen werden zum Wiederaufbau benötigt. Jeremia und Baruch sind wahrscheinlich nicht freiwillig mitgezogen. Sie werden einfach mitgeschleppt. Die Boten Gottes haben teil an dem Gericht Gottes und an dem Leid, das um des Ungehorsams willen über das Volk kommt. Man fragt sich: Wie soll Gottes Geschichte weitergehen?

„Aber des Herrn Wort geschah zu Jeremia in Tachpanches." Dieses Wort ist in diesem Zusammenhang wie ein heller Strahl. Gott redet weiter zu Jeremia und macht deutlich: „Nicht ihr macht Geschich-

te, sondern ich, der Herr – ich halte das Heft in der Hand. Euer Ungehorsam kann Gottes Wort nicht ungültig machen und Gottes Plan nicht umstoßen."

Jeremia erfährt aufs Neue: Der Herr ist da und lebt. Wir haben hier offenbar die letzten von Jeremia gesprochenen Worte vor uns. Wahrscheinlich ist Jeremia in Ägypten umgekommen. Aber das Wort des Herrn bleibt, auch wenn Menschen dem Wort des Herrn nicht gehorchen. Gott bringt seine Geschichte zur Vollendung. In einer demonstrativen Handlung (43,9 ff.) bezeugt er das Gericht Gottes über die Israeliten auch in Ägypten.

Nicht Flucht vor der Wirklichkeit, sondern Vertrauen zum Herrn ist gefragt. Die Israeliten wollen sich selber helfen, sie fürchten sich vor den Mächten dieser Welt, vor Nebukadnezar, aber das Gericht Gottes ist unabwendbar, keiner entgeht dem Willen Gottes. Sie wollen der Angst und Bedrohung entlaufen, aber sie werden davon eingeholt. Noch einmal wird die alte Botschaft Jeremias deutlich: „Ergebt euch in die Hände Nebukadnezars, der von Gott als Werkzeug gebraucht wird. Demütigt euch unter die gewaltige Hand Gottes, er wird euch erhöhen zu seiner Zeit. *„Das ist eure einzige Rettung"* (1. Petr. 5,6). Die Auswanderer sind fortgezogen, um Ruhe zu haben, aber sie sollen keine Ruhe im fremden Land finden. Sie wollen sich im mächtigen Ägypten, in dem schon manche jüdische Kolonisten siedeln, heimisch machen. Aber die Heimat soll ihnen genommen werden, weil sie die gottbestimmte Heimat verlassen haben."

Zum Nachdenken: „Dein Wort, Herr, nicht vergehet, es bleibet ewiglich. Soweit der Himmel gehet, der stets beweget sich; Dein Wahrheit bleibt zu aller Zeit, gleichwie der Grund der Erden, durch deine Hand bereit." (Cornelius Becker)

Anhang

a) Aufbau und Gliederung des Jeremiabuches

Das Jeremiabuch ist allmählich entstanden, es ist nicht in einem Zug hintereinander geschrieben worden. Jeremia 36 gibt uns einen Anhaltspunkt über den Entstehungsprozess des Jeremiabuches. Danach erhält Jeremia den Auftrag von Gott, die Worte, die er bereits weitergegeben hat, aufzuschreiben. Daraufhin diktiert Jeremia seinem Schüler Baruch die Reden, damit dieser sie dem Volk im Hause des Herrn vorlese. Nachdem der König Jojakim davon erfahren und die Schriftrolle zur Kenntnis genommen hat, lässt er sie verbrennen. Jeremia diktiert im Auftrag Gottes noch einmal die Reden seinem Schüler Baruch. In V. 32 lesen wir: „Und es wurden zu ihnen noch viele ähnliche Worte hinzugetan."

Nun finden wir im Jeremiabuch neben den Reden des Propheten auch Berichte, die das geschichtliche Umfeld in der Zeit des Wirkens Jeremia beschreiben. Es handelt sich um Stücke, die in der „Er"-Form wiedergegeben sind, während die Reden Jeremia in der „Ich"-Form festgehalten sind. Beispiel: In Jeremia 7 ist uns die Tempelrede überliefert in der „Ich"-Form. Kapitel 26 bringt nur eine Kurzform der Tempelrede, dafür erhalten wir aber eine ausführliche Beschreibung der Ereignisse um die Tempelrede herum (26,7 ff.) (in der „Er"-Form). So können wir im Jeremiabuch folgende Einteilung erkennen:

1. Die Reden des Propheten in Kapitel 1-33
2. Die Berichte über die geschichtlichen Ereignisse aus der Zeit des Propheten in Kapitel 26-39 und 34-45. Diese Berichtsstücke stammen wahrscheinlich von seinem Schüler Baruch.

Insgesamt stoßen wir auf folgenden Entstehungsprozess:

1.) Mündliche Weitergabe des Wortes (Verkündigung)
2.) Schriftliche Abfassung
3.) Redaktionsarbeit (Sammlung und Sichtung der Quellen)

Die Septuaginta (griechische Übersetzung des Alten Testaments) weist folgende Gliederung bei vielen prophetischen Büchern auf:

1. Gerichtsworte an das Volk Gottes
2. Gerichtsworte gegen fremde Völker
3. Heilsworte an das Volk Gottes.

Im Jeremiabuch erkennen wir eine ähnliche Gliederung:

1. Gerichtsworte an das Gottesvolk (1-25,13)
2. Gerichtsworte an fremde Völker (25,15-38, Einleitung und 46-51)
3. Heilsworte an das Gottesvolk (30-33)
4. Berichte über die Ereignisse während der Tätigkeit des Jeremia (26-29 und 34-45). Hier ist die Leidensgeschichte des Jeremia und sein weiteres Schicksal festgehalten.
5. Geschichtlicher Anhang in Kapitel 52. Dieses Kapitel ist aus 2. Könige 24,18 bis 25,30 übernommen worden (Zerstörung Jerusalems und die Wegführung nach Babel). Der Redaktor, der diese Stücke aus dem 2. Königebuch übernommen hat, will damit ausdrücken: Es ist alles so gekommen, wie Jeremia es verkündigt hat. Die Begnadigung Jojachins im babylonischen Exil ist Signal eines Neuanfangs.

b) Die Zeit des Jeremia

Die geschichtlichen Ereignisse im vorderen Orient

Um 650 v. Chr.: Das Assyrische Reich ist noch auf dem Höhepunkt seiner Macht.

Ab 626 v. Chr.: Die Chaldäer (Babylonier) lösen sich aus der assyrischen Herrschaft.

Um 612 v. Chr.: Ninive (Hauptstadt Assyriens) wird zerstört unter dem Ansturm der Babylonier.

Um 609 v. Chr.: Der König Josia von Juda unterliegt in der Schlacht bei Meggido den Ägyptern.

Um 605 v. Chr.: Die Ägypter werden von Nebukadnezar, dem babylonischen König, besiegt. Damit ist der gesamte vordere Orient unter der Herrschaft der Babylonier.

Die Geschichte Judas

Die Könige, unter denen Jeremia wirkte:

1. Josia (640–609). Noch einmal eine ganz kurze glückliche Zeit des Reiches.

   621 v. Chr.: Die Reform Josias, zwei Phasen der Reform

   a) Abbau des Götzenkultes, die assyrischen Idole werden zerstört.

   b) Aufbau der Altäre Jahwes. Alle Höhenheiligtümer im Lande werden abgebaut. Das gesamte religiöse Leben wird nach Jerusalem verlegt.

2. Joahas (nur 3 Monate Regent).
3. Jojakim (608–598) unterwirft sich Nebukadnezar.
4. Jojachin (regiert nur 3 Monate). Unter seiner Herrschaft Einfall der Babylonier in Jerusalem und erste Deportation nach Babylonien (die Oberschicht wird abgeführt mit Jojachin).
5. Zedekia (597–587). Unter seiner Herrschaft ist Juda ein reiner Vasallenstaat der Babylonier.
   Eroberung Jerusalems im Jahre 587 v. Chr.
   Zweite Deportation nach Babylonien.

Was wissen wir über Jeremia?

Um 650 v. Chr.: Jeremias Geburt. Er stammt aus einer Priesterfamilie, aus Anatoth. Sein Name bedeutet: Jahwe erhöht.

Etwa 627 v. Chr.: Berufung zum Propheten.

Um 609 v. Chr.: Tempelrede (Jeremia 7 und Jeremia 26)

Um 605 v. Chr.: Jeremia diktiert seinem Schüler Baruch seine Reden. Die Rolle wird vom König verbrannt und von Jeremia erneut diktiert (Jeremia 36).

Um 598/99 v. Chr.: Jeremia schreibt einen Brief an die Verbannten in Babylon (Jeremia 29'). Nach der Eroberung Jerusalems bleibt Jeremia zunächst in Jerusalem, wird aber dann von einer Gruppe von Juden trotz seiner Warnungen mit nach Ägypten verschleppt.

Seine Feinde:

Seine eigene Sippe (Jeremia 11,18)

a) Das Volk als Ganzes will ihn nicht hören (Jeremia 44,15-19)
b) Die Priesterschaft (Jeremia 7,13; 26,11+12)
c) Die nationalen Heilspropheten (Jeremia 28)
d) Der König Jojakim und die Umgebung des Königs Zedekia.

Freunde Jeremias:

a) Baruch als Freund und Schüler (Jeremia 36+45,5)
b) Ebed-Melech (Jeremia 38,7)
c) Ahikam (Jeremia 26,24)

Die demonstrative Verkündigung Jeremias

Aus dem Prohetenbuch sind mehrere Symbolhandlungen bekannt, die zur Verdeutlichung seiner Verkündigung dienen.

Jeremia 13. Jeremia muss einen **Gürtel** kaufen und ihn in einer Felsspalte verstecken. Nach einiger Zeit soll er den Gürtel wieder hervorholen. Der Gürtel ist unbrauchbar geworden. Das Geschehen ist Hinweis für das Verhältnis Jahwes zu seinem Volk. So eng, wie sich der Gürtel an ein Gewand anschmiegt, so eng war Israel mit seinem Gott verbunden. Jetzt ist der Gürtel unbrauchbar geworden.

Die **Ehe** wird Jeremia verboten (Jer. 16,1). Die Ehelosigkeit steht im Dienst der Verkündigung. Sie ist Zeichen des kommenden Gerichtes. Weil Söhne und Töchter umkommen (Jer. 16,3), soll Jeremia mit seinem ganzen Leben darauf Hinweis sein, dass Gott sein Gericht ernst nimmt.

Jeremias Besuch beim **Töpfer** (Jer. 18). So wie der Töpfer sein Geschirr nach Belieben formen kann, so kann auch Jahwe mit seinem Volke tun und lassen, was er will. Er ist frei und souverän in seinem Handeln.

Der zerbrochene **Topf** (Jer. 19,1-6). Jeremia soll vor den Augen der Israeliten einen Topf zerbrechen zum Zeichen dafür, dass Jahwe auch Israel ins Gericht nimmt.

Jeremia als **Jochträger** (Jer. 27). Jeremia geht mit dem Joch auf den Schultern durch die Straßen Jerusalems, um seinem eigenen Volk und auch anderen Völkern zu demonstrieren, dass alle sich der Herrschaft Nebukadnezars beugen müssen auf Befehl Jahwes. Die

Heilspropheten haben offenbar eine trügerische Hoffnung ausgegeben. Da hinein bezeugt Jeremia: Jahwe hat sein Gericht über Israel beschlossen. Es gibt nur einen Weg: Ergebt euch in die Hände Nebukadnezars.

Jer. 32,6 ff. Jeremias **Ackerkauf**. Während der Belagerungszeit durch die Babylonier, in der nur etliche durch einen Notausgang herauskommen, geht Jeremia in das neutrale Gebiet vor der Stadt und kauft hier von seinem Oheim einen Acker. Zum Zeichen dafür, dass die Belagerten an dieser Stelle noch einmal wieder zu Hause sein werden (Demonstration des kommenden Heils).

Jeremia bei den **Rechabitern**. Jeremia 33 berichtet uns von Jeremias Besuch bei dem Nomadenstamm der Rechabiter. Sie trinken keinen Wein. Jeremia setzt ihnen Wein vor. Sie weigern sich aber. Jeremia ist erstaunt und nimmt diese Erfahrung zum Anlass, den Israeliten ihren Ungehorsam vorzuhalten. Die Rechabiter befolgen das Gebot ihres Herrn. Die Israeliten aber gehorchen nicht dem Gebot ihres Gottes.

Die vergrabenen **Steine** Jeremia 43,8 ff. Das Ende seines Lebens verbringt Jeremia in Ägypten. Dort gräbt er Steine am Königspalast ein zum Zeichen dafür, dass Nebukadnezar auch über diesen Steinen seinen Thron und seine Herrschaft aufrichten wird.

Weitere Bücher zum biblischen Thema:

Thomas Weißenborn
Gott ganz nah
Der Heilige Geist und wir
Bestell-Nr. 330 650
ISBN 3-86122-650-2
80 Seiten, kartoniert

„Gott ist wirklich mitten unter euch!“, stellten die Besucher der ersten Gottesdienste fest, als sie Heilungen und Wunder erlebten – Wirkungen des Heiligen Geistes. Ist diese Erfahrung nicht auch für uns eine Selbstverständlichkeit, die wir bekennen: *„Ich glaube an den Heiligen Geist“*?
Wohl kaum. Eher hilflos denkt mancher: *Der Heilige Geist – das unbekannte Wesen.* Phänomen oder dritte Person der Dreieinigkeit? Kribbeln oder Gott? Opium oder Kraftquelle?
Was ist der Heilige Geist und was bedeutet er für uns?
Von den Korinthern bis zu den Quäkern, von Wesley bis Wimber: Weißenborn verfolgt die Spuren des Geistes in Bibel und Kirche, zieht Schlüsse aus den Erfahrungen der großen Erweckungsbewegungen und lädt ein, das Gute zu behalten und im eigenen Leben fruchtbar zu machen.
Unverbissen, behutsam und nüchtern.

Roy Hession

Nahe bei dir

Entdeckungen im Buch „Ruth"

Bestell-Nr. 330 639

ISBN 3-86122-639-1

96 Seiten, Paperback

„... so breite den Saum deines Gewandes über deine Magd, denn du bist der Löser."

Die biblische Ruth war eine verarmte Witwe, als sie ihr Schicksal in die Hand des Mannes legte, der allein sie nach dem Gesetz aus allen Schulden „auslösen" konnte.
Und so wie sie in jener Nacht unter den Schutzmantel ihres Retters kroch, so ruft Gott uns alle aus jeder erdenklichen Notlage und Schuldverstrickung unter den Schutz seiner wärmenden Liebe und Gnade.
Das ist das große Thema des kleinen Buches Ruth. Es zeigt auf eine eindrucksvolle Weise, was Erlösung, Erweckung, Wiedererstellung, Erneuerung, Wiedergeburt und Neubeginn für uns persönlich bedeuten.
Roy Hession, der bekannte Bibellehrer, hat die Gabe, dieses Erkenntnis in ebenso einfache wie ergreifende Worte zu fassen.

Alcides Jucksch

Liebe ohne Grenzen

Andachten für jeden Tag

Bestell-Nr. 330 642
ISBN 3-86122-642-1
416 Seiten, Paperback

Wenn wir auch oft über unsere Grenzen nicht hinaus können – für Gott stellen sie kein Hindernis dar. Seine Liebe, seine Geduld und seine Vergebung überschreiten all die Widerstände, an denen unser Kleinglaube tagtäglich Schiffbruch erleidet. Umso wichtiger, dass uns diese Liebe Tag für Tag aufs Neue und in immer neuen Bildern zugesprochen wird.
Alcides Jucksch tut das mit den 365 Andachten dieses Buches. Hier bekommen selbst Wahrheiten, die in einer Spaßgesellschaft eher wenig Anklang finden, die Chance, auf offene Ohren zu stoßen.
Denn durch jede einzelne der täglichen Geschichten hindurch schimmert die Liebe Gottes, die man mit menschlichen Maßstäben nicht begreifen kann.

Max Lucado
Gnade für den Augenblick
Bestell-Nr. 330 574
ISBN 3-86122-574-3
384 Seiten, gebunden

„Gott sprach zu Mose durch einen brennenden Dornbusch. Deshalb müssen wir uns nicht alle neben einen Strauch setzen und darauf warten, dass Gott zu uns spricht. Gott überführte den Propheten Jona mit Hilfe eines großen Fisches. Bedeutet das etwa, dass wir unsere Gottesdienste in einem großen Aquarium abhalten sollten?"

In einmaliger Intensität bringt jede Tageslese kurze Auszüge aus Max Lucados Bestsellern. Er versteht es, den einfachen Sinn aus biblischen Texten zu ziehen, ohne „Buchstabenspalterei" zu treiben – eine Gabe, die seine Bücher kostbar macht.

Wo andere den Glauben auf den Prüfstand hieven, da hilft Max Lucado, die Liebe Gottes mit dem Herzen zu fühlen.

Hier sind Gedanken eines Seelsorgers, die die Kraft haben, durch einen langen Tag und eine dunkle Nacht zu tragen.